互联网营销解密

企业如何运作大互联营销

天策行首席战略专家 高京君
首席运营官 董长德 ◎ 著

企业管理出版社
ENTERPRISE MANAGEMENT PUBLISHING HOUSE

图书在版编目（CIP）数据

互联网营销解密：企业如何运作大互联营销 / 高京君，董长德 著.-- 北京：企业管理出版社，2015.8

ISBN 978-7-5164-1089-9

Ⅰ. ①互… Ⅱ. ①高… ②董… Ⅲ. ①网络营销 Ⅳ. ①F713.36

中国版本图书馆CIP数据核字（2015）第143483号

书　　名：互联网营销解密：企业如何运作大互联网营销

作　　者：高京君　董长德 著

责任编辑：尹　青

书　　号：ISBN 978-7-5164-1089-9

出版发行：企业管理出版社

地　　址：北京市海淀区紫竹院南路17号　　邮编：100048

网　　址：http：//www.emph.cn

电　　话：出版社68701719　　发行部68467871　　编辑部68701184

电子邮箱：80147@sina.com　　chinaqynj@163.com

印　　刷：北京中振源印务有限公司

经　　销：新华书店

规　　格：889毫米×1194毫米　16开本　印张：13.75　字数：170千字

版　　次：2015年8月第1版　2015年8月第1次印刷

定　　价：38.00元

前 言

最近几年，经历了太多的事情，很多是我们猝不及防的。以前在营销界奉为圭臬的诺基亚、摩托罗拉、富士胶卷相继退出历史舞台。一批巨型体量的经济体正在经历着前所未有的挑战，包括被很多人认为日不落的中国房产经济，也正在经历着衰退。貌似整个传统的经济业态都在经历着一场白色恐怖。而与大互联相关的新的经济业态却像雨后的浮萍一样瞬间覆盖了我们的视野。小米、微信、余额宝、天猫的“双十一”，这些在传统业态下想都不敢想的奇迹还在不断被刷新。今天，他们时时刻刻在影响着我们的生活，以前需要高成本去实现的东西，现在变得没有了成本；以前的土豪地主，被新锐们逼着不知不觉地“开仓放粮”。这种游戏规则的变化，促使了我和我的团队对大互联时代新的商业价值和规则的思考。

我爱人的同学买了一幢距北京城区80多公里的别墅，这是北京最西北边，已经到了河北边界了。同学邀请了我们很久，我呢，一直有一个很冠冕堂皇的理由——没时间，呵呵。2013年10月的一个周末，在我爱人的坚持下终于成行，来到了这个叫奥伦达部落的小区……。

那天我跟我爱人鬼使神差当天就买了一幢，从打算买到交定金，整个决策过程没超过20分钟，是什么魔力让我等这样专业人士如此动心呢？

落座闲聊得知，这个盘的销售有一个很有趣的特征，他们从来不打广告，几乎都是老业主介绍新业主，最近他们又新开了一个楼盘，排队的号提前就被抢光了。如果在前些年，这没什么稀奇的，可现在是房地产经济的下行期，一个不打广告的楼盘，居然还有这么火热的销售场面。

中午时分，当然少不了觥筹交错一番。这时，邻居来敲门，说他们家新到了一箱波尔多名庄的红酒，听说有客人来了，拿过来让客人品鉴。我当时就很纳闷，这很像我小时候北京四合院的场景：邻家有什么大枣山货一类的都拿出来分享；掉雨点，院里晾的衣服一定有邻居给收起来，邻里关系能处得跟一家人一样。那同学看透了我的心思，说："这里所有的邻居都这样，并且互相有对方家的钥匙，来了客人不够住只管去住。大家在路上碰到了甭管认识不认识都是一片灿烂的微笑。各家的院墙都是象征性的，腿不用抬很高就可以迈过去……"。

下午，同学带我们参加了一个烘焙聚餐活动，开发商免费提供场地器械，让大家玩，大家只有一个纯粹的目标，就是去尝一下邻居那并不太娴熟的手艺，然后赞许一番，玩得非常开心。

这里互称"乡民"，没有利益，没有纷争，只有温暖和微笑。这种感觉我近40年都没有了。

参加完品尝会，我俩动心了，不是因为房子，咱搞策划的，地产项目也接过不少，啥房子没见过？动心的是油然而生的幸福感，并且难以抗拒。

我主动问那同学还有没有剩余的房子，他领着我找到开发商，自报家门后，听说是知名策划人来了，老板闻讯出来，一个憨厚的中年男人，居易国际的刘总，寒暄之后，刘总说新房要等一年，老婆等不及，今年就要，几经周折找到了一户准备买更大别墅而腾房的业主，一阵欢笑之后，那老爷子更爽快，"你们要是定下来了，明天我就把没用的东西搬走，你们就先进来住吧，手续慢慢办！"就这样，20分钟买了幢别墅。

这一年多来，我深切地感受到了这种幸福感，经常会有邻居端着刚出锅的大包子给我们送来，晚上更是少不了往来畅饮。我也邀了不少朋友来这里玩，他们有的跟我一样，也搬了过来。在这个过程中，我不知不觉地在传播着一种幸福的感受，并且影响着周围的人。在最近房地产市场低迷，全国楼市下行的情况下，这个楼盘房价居然始终在上扬，新盘被抢购一空，这确实是大互联时代的商业典范。

这是一种什么价值呢？

首先开发商聚合的是一群有共同价值观的人，叫“奥伦达部落”，这群人都是性情中人，烤面包、品红酒、听音乐、玩高尔夫，种花养草等，各有自己的爱好，聚在一起就是为了纯粹的生活。这种氛围让大家无所顾忌，引起共鸣，也容易引起大家对部落的认同感。这种认同感会迅速传播，形成了具有共同价值观的社群，也就形成了超越房屋本身的社会价值。

其次是注重部落人员体验，开发商就是服务商。传统的开发商和服务商是完全不同的两种理念，我也正经历着两种不同理念的服务。我们公司是在北京一个还算不错的写字楼，这里的物业就几乎不考虑业主的感受，今天引进一家商户搞促销，明天引进一家企业搞活动，最后很多业主都不愿意给他交物业费，物业没办法才收敛了一些。但奥伦达部落的老板和他的团队理念迥然相反，他是大家的服务员。如果有人要搞个烘焙品鉴会，他会全程包办，烤箱、场地……应有尽有，玩家们玩完了拍拍屁股就走，不收一分钱，刘总会在旁边乐呵呵地看着大家玩，表现出一种很幸福、很满足的样子。一来二去，他跟部落里很多人都成了哥们儿，大家有什么需求，都愿意找他帮忙，这种完美的部落体验，把开发商和他的部落成员们紧紧地联系在一起，甚至小区里维修工女儿的工作也是在银行做高管的邻居帮忙给安排的。

这就让我想到了雷军，想到了苹果，奥伦达部落是聚集了一群性情中人吃喝玩乐，雷军是聚集了一群发烧友刷软件、买手机，乔布斯更是聚集了一大批果粉。

我们今天看到这些创造奇迹的品牌，都是从聚合社群入手，也就是我们常说的“粉丝经济”。当然了，“粉丝”这个词不太确切，我更愿意用“社群经济”来表达这个概念。是一个一个的社群在创造今天的商业奇迹，组织者用他们创造的极致产品、完美体验的价值和附加价值来凝聚和扩散一个个社群，当这个社群扩散到一定的临界点，这个社群的消费就会变成社会的潮流。

所以，对大互联时代社群的特征分析，以及如何打造极致产品和完美体验就成了本书的核心。

这本书的形成要感谢我们公司互动创意中心的这群80后、90后的同事，他们是大互联时代真正的践行者。感谢钱波、杨丽冉、苏昱、王春超、王妍等对本书出版的支持。

高京君

2015年5月

目录

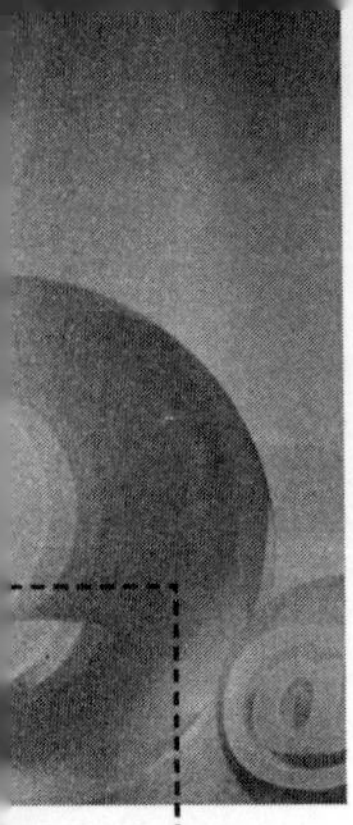

第一章

充满想象、困惑与焦虑的大互联时代

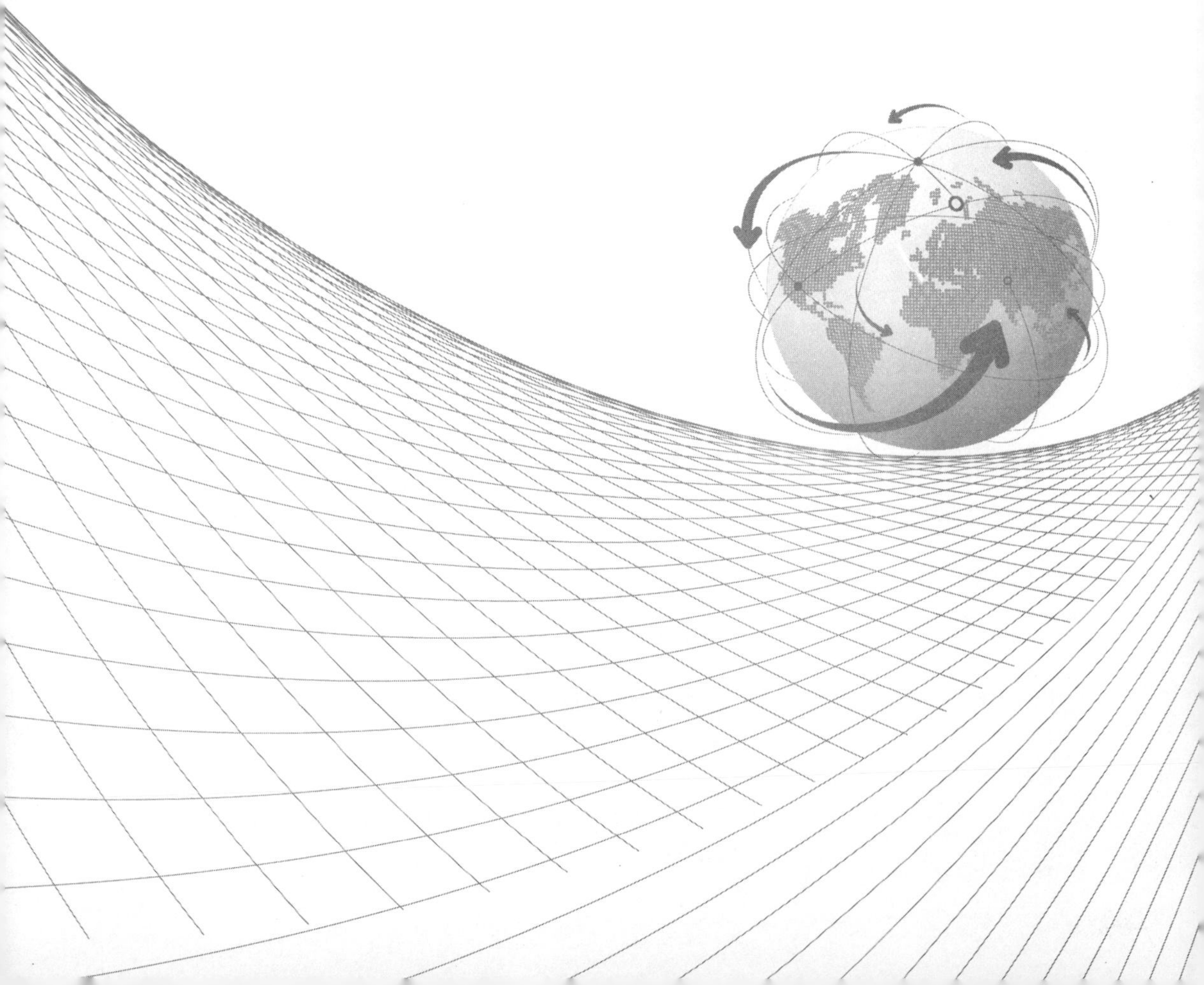

一、充满想象的大互联时代

大互联时代正在创造奇迹

2014年8月，一场以呼吁社会关注"肌肉萎缩性侧索硬化症"（简称ALS）为目的的冰桶挑战，风靡全球。

这场活动8月18日登陆大陆，截至8月27日，10日募集善款850万元人民币，微博话题阅读量46亿人次，粉丝18万人，讨论400余万次；截至8月底，全球募集善款累计超过1亿美元。

这组数据空前绝后，目前为止，这是任何一场世界性非政府组织活动所不能企及的历史事件。

时代变了，在今天，在无物不互联的大时代背景下，微不足道的草根群体，也可能被世界瞩目。未来，愈发变得让当事人没时间准备、预见，无论多么渺小的你，都可能被世界关注。

大互联正在颠覆我们生活的一切，颠覆我们的沟通方式、财富聚集方式，甚至颠覆我们传统的思考模式、行为模式、商业模式。

就在刚刚过去的几年，被商界封为楷模的摩托罗拉、诺基亚纷纷易主；曾经造就中国首富的家电巨头——国美，日子愈发艰难。垄断的联通、移动，正在遭受被微信盗取果实的煎熬。短短几个月，微信的爆发，让所有的短信都变成了免费，两个巨头的电话和短信等业务趋近历史尽头。

马云的一个交易平台，2014年上半年成交量近1万亿元，接近重庆市、贵州省2014年上半年GDP总和；导致大量的商铺租不出去，杭州的服装店、鞋店、精品店成批倒闭。

大互联时代创造的奇迹，大到影响一个业态，小到影响我们生活的方方面面。

2015年4月，我们新入职的一位同事的母亲患了肝硬化，巨额的医疗费用几乎压垮了这个年轻的小伙子。在同事们的鼓动下，他用互联网发出了呼救的信号，当这颗唤醒爱的种子被撒播时，在互联网上瞬间焕发出了巨大的能量，短短几天时间，他的呼救信息在微博上被转发了上万次，总阅读量突破100万次。在接下来近两周的时间里，各路媒体竞相转载，他募集到近20万元的救命费用，也有不少企业家愿意伸出援助之手。

大互联时代，过去的一切正在被颠覆，从时间到空间，都将不再等同于传统的概念。

2014年，中国的高铁运营里程世界第一，4G网络全球最大。在中国的版图上，一张四纵四横的高铁网将90%的省会城市拉进了高铁圈。中国的铁路线已经比1949年延长了8万多千米，公路里程增长了53倍。而在空中，一张全球最大的4G网已经成型。2013年年底，中国发放了第一张4G牌照，仅仅半年多，4G的触角已经南抵西沙，北达漠河。用手机看直播，快速传输图片，已经成为百姓生活中一件很平常的事儿。当前，我国手机用户突破12亿户，网民数量达6.32亿人，其中手机网民5.27亿人，也就是说，每5个网民中，就有4个在通过手机上网。当今中国，平均一分钟，就有3趟高铁启程出发；每一秒钟，就69个人搭载不同交通工具，在全国各地穿梭；每一秒钟有3个人加入4G大军；每一秒钟有2个人开启网络购物之旅。

大互联的世界，正在颠覆的是我们的时间和空间概念，也正在推动我们的生活方式发生着根本性的变化。来不及适应大互联时代的企业，必定遭遇前所未有的困难。

大互联时代的商业畅想

越来越快，一切都在一个大规模变革之中，无论是哪一家公司，如果不能够深刻地意识到金钱正随着消费体验的改变而改变流向，那么，无论过去他们有多成功，未来都只能够苟延残喘，直到被尘土掩埋。

跨界的，从来不是专业的，全部来自于另一个领域，神出鬼没，你都不知道从哪里窜出来的。创新者以前所未有的迅猛，从一个领域进入另一个领域。缝隙正在扩大，边界正在打开，传统的广告业、运输业、零售业、酒店业、服务业、医疗卫生等，都可能被逐一击破。更便利、更关联、更全面的商业系统，正在逐一形成。世界开始先分后合，分的，是那些大佬的家业；合的，是新的商业模式。

机场，不能够是一个娱乐场吗？不可以成为最重要的社交中心吗？微信只是一个萌芽，“摇一摇”的背后，真正的契机在于人们正在从家庭、办公室走出来，进入一个极大的、广阔的社交需求时代。

还在留恋路边的广告牌？还在把大把的钱投向电视广告？还在以为分众的电梯广告占据了终端？过时啦！不难推断，未来谁的WIFI覆盖率高，谁就可以占据终端用户的心。租个足够的数据流量，使人们习惯从你这里进入免费的WIFI，你的广告价值将无可限量。

酒吧还是酒吧吗？咖啡厅还仅仅是喝咖啡吗？酒店就是用来睡觉的吗？餐厅就是用来吃饭的吗？美容业就靠折腾那张脸吗？肯德基可不可以变成青少年学习交流的中心？银行等待的区域可不可以变成新华书店？飞机机舱可不可能变成国际化的社交平台？你不敢跨界，就有人跨过来“打劫”，未来十年，是一个海盗嘉华年，各种横空而出的“人杰”将像马云、马化腾一样遍布各个领域，他们两个只是开了个头而已，接下来的比拼会越来越高强，传奇会越来越精彩。

这就是充满想象的大互联时代！在我帮助企业做咨询近16年里，经常听到民营企业家或职业经理人提的一个词，叫“跨越式发展”。每次我听到这个词的时候就会想到一幅画面，企业从一个台阶跨上另一个台阶。我在想，企业实现多大的增长率算跨越呢？是30%？还是50%？抑或100%？他们虽然没有给出明确的数字，但我从他们的言谈间得出一个结论，他们理想中的增长是一种线性增长，“保3争4”“保5争6”之类的说法，保住一个数字，争取一个数字，成为他们对企业增长的预期。

大互联时代一切的预期都变成了过去时，找到一个触碰点，就有可能引爆一座火山。雷军的到来为我们印证了这种可能，2010年4月小米科技公司成立，2011年12月小米完成销售额5亿元人民币，2012年12月小米完成销售额126亿元人民币，2013年底，小米完成316亿元人民币。2012年小米手机宣布出货量达到100万台的时候，遭受了诸多业内人士的质疑；而现在，小米2015年3月份单月出货量就已经达到了580万台，100万台只是不到一周的量。小米提出2016年销售额要突破1000亿元人民币的目标。

我们姑且不论小米的最终结局如何，但它4年来的发展速度确实让所有的小伙伴们惊得目瞪口呆。回想10年前，人们曾将1900%的“蒙牛速度”奉为不可企及的标杆，在大互联时代，这个数字又被刷新了。

更让人充满想象的不是数字成指数级的飙升，而是人们意识的改变。半年前中国前首富王建林在与马云对赌，赌注1亿元，认为线下消费一定会战胜电商。2014年8月，王健林正式成立了电商部门。半年前王健林在接受新浪财经采访时，有一段戏剧的对话：

新浪财经：“现在有一个特别流行的词汇叫互联网思维，你眼中的互联网思维是什么样的?”

王健林：“我觉得互联网思维这个词完全是错误的，不存在互联网思维。”

新浪财经：“现在铺天盖地都是。”

王健林：“我觉得这应该是互联网的个别企业为自己贴金的一种说法，不存在互联网思维。”

就在说出这句话的半年后，王健林在一次高层会议上说：“今天会上郑重地强调，所有系统必须要检讨，是否真正具备互联网思维。在这个时代，如果你们不用互联网思维、不用新的方式去做，可能就要落伍，就要被淘汰，即使房地产也要有互联网思维。”

新希望，这个以饲料与农户打交道的企业，现在在望京SOHO成立了电商部门，最近也在向我们咨询。

过去一个世纪，世界创造了以前2000年来的最大成就；而在过去的20年中，世界创造了有历史以来的最大成就。大互联时代的到来，让世界的变化如池塘里的浮萍一样，呈现指数一样的变化，第一天、第二天也许你看到的是微妙变化，你甚至会忽略这种变化，而就在你忽略的那一刹那，浮萍在你眼前覆盖整个水面，经济成长的指数时代已经来临。

颠覆、跨界、新商业模式诞生，在这个颠覆时间和空间概念的大互联时代，循着人们需求变化的脉络，你将发现大互联时代的财富之门才刚刚打开。

二、大互联时代的困惑与焦虑

是什么让曾经正确的都变成了错误

2015年3月，天策行的会议室迎来一位跨国公司的客人，他也是中国大健康产业里的一位老帅。2014年他在几个电视台投了500多万元的广告费，原计划用这些广告费来帮助他线下1000多家超市产品的动销，但广告播出后远远没有达到预期。刚开始，他和他的团队自我安慰：广告播出反应会有一个滞后期，等等再看看吧。1个月过去了，他开始迷茫了：“5年前，我们在北京卫视广告播放后，会换来每天30~50个产品咨询电话；我们只要在《北京晚报》报花上搞一个报花兑奖的活动，就会换来全城响应。过去我做保健品策划，只要把广告片准备好，电台、电视台、报纸刊发排期排好，剩下就是装一个400电话等着接电话了，现在怎么感觉那些正确的决策都变成错误了？”

同样的情况还发生在国内某保健品企业。这家企业曾经是中国保健品行业会议营销的标杆，单纯靠着会议营销，创造过一年近50亿元销售的佳绩。随着老年人市场情况的变化，会议营销的回报越来越少，甚至单场的回报处在亏损的边缘，企业一线的人员都觉得这样的日子实在是坚持不下去了。

这样的事例举不胜举，作为咨询顾问，我是哀其不幸！其不幸不在于时代的变化，而在思维的不变。

并不是每一位企业家都能像王健林一样，从排斥到拥抱互联网仅仅用了半年时间。因为每个人的成长背景不同，成功模式不同，导致其思维方式也不同。

最近很多制造业企业抱怨银行不给贷款，融资成本高，日子过不下去。我想问问：您贷款干吗用呢？哦，维持生产！产品造出来怎么样呢？推向市场，价格战，利润不足5%，呵呵，如果您是银行您会给这样的企业贷款吗?

我们上一代企业家在产业化运作上获取了成功，在赚取差额利润上获取了成功。这种投入和产出在他们的灵魂里变成了一种模式，一种成功的思考模式，而要改变这种模式，只能等待感知，等待着大互联时代不断渗透带来的感知。王健林的万达由于其线下的服务业经受挑战感知到了，千万的企业也即将会感知到，就算后知后觉也是好的，万不可“不知不觉”。

大互联时代的到来，不仅仅在改变人们获取信息的途径，也不仅仅在改变人与人之间的关系。更重要的是，大互联时代在重构人们认识世界的思维模式，重构人们的生活方式。而这种新思维模式和生活方式，会重构我们企业的生存、发展模式，这才是我们过去的正确都变成了现在的错误的根源。

为什么经销商都叫苦不迭

2013年12月，我应邀到沈阳去给一家粮油企业的经销商大会讲课。到互动时间，经销商们开始争先恐后地提问题：怎么感觉销售越来越难搞了？超市的费用那么高，进去卖不动，卖了还是亏损，这事怎么搞啊？现在的电商会影响粮油行业吗？

2015年5月，我沿京广线又做了一轮例行的市场走访。前些年经销商那种干劲十足的景象再也没有了，有的经销商开始在县城或地市里置业买铺面，有的开始更为多元化的经营，总之希望把钱放在他们认为更安全的地方。

近5年来，这个时间已经不算短了，我每次给经销商讲课或做经销商拜访的时候碰到的都是相似的问题。早在2010年，对于经销商的出路我就给出过解决方案，我认为中国经销商的革新步伐，甚至滞后于生产企业。我想这跟经销商傍大款的习惯有关系。按照我们一个项目总监的说法：10年前我做销售的时候经销商是用平板车在推，用拖拉机在拉，今天我看到唯一的变化是平板车变成了卡车。你的变化速度这么慢，产业的前端被企业控制，后端被大卖场控制，你能不叫苦吗？

落后就要挨打是硬道理，传统经销商模式，是在信息不对称的条件下产生；过去经销模式的链条长， 环节多，消费者在为低效率的附加值买单。当一颗白菜从田间流向餐桌，需要产生几倍的增值才能完成这个流转，这种模式蚕食了消费者利益，这是一种备受大互联时代诟病的模式，总有一天也会被淘汰。

我在我的上一本书《对称营销》里提到过这样的观点，在大互联时代，一切信息都变得对称，那就要求一切的商业链条都需要产生对称的价值，经销商的差价时代即将终结，经销商有他的价值吗？当然有。无论大互联时代信息如何对称，经销商对于一线消费数据的掌控是有价值的，对于区域市场的服务是有价值的，经销商的区域配送网络是有价值的。经销商只要充分挖掘手中掌控的价值资源，利用大互联工具重构自己的价值链条，无论是利用自己的网络和数据资源反控市场，抑或是利用自己的物流优势对接一线的电商平台，或成为一线物流企业在三、四线城市的战略合作伙伴，都将是一个不错的出路。

所以叫苦不迭的根源，是时代变了，过去成功的思路没变。

为什么钱这么难赚

无论是过去显赫一时的世界500强，还是百万级的经销商，当前的状况就三个字：钱难赚！

企业说钱被渠道吃掉了，经销商说钱被大卖场吃掉了，大卖场说我们的钱不仅被房租和人工吃掉了，还被电商给截留了。这样算下来，从产业的起点到终点，我们的链条没有一个是赢家，究竟是为啥钱这么难赚呢？

产业利润增长率跑不过CPI（见图1-1、图1-2）。

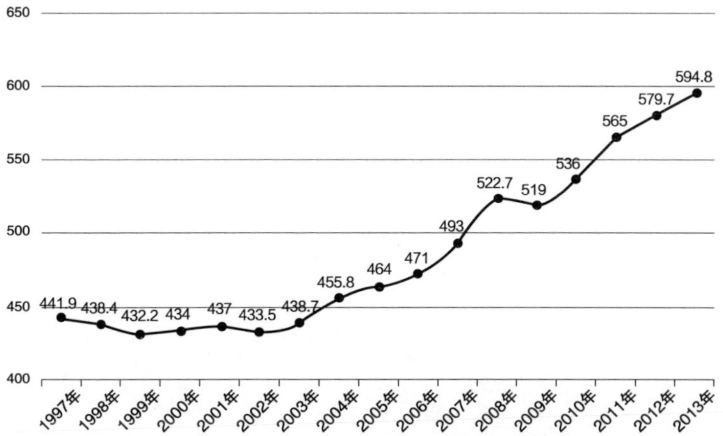

图1-1 1997—2013年居民消费价格指数

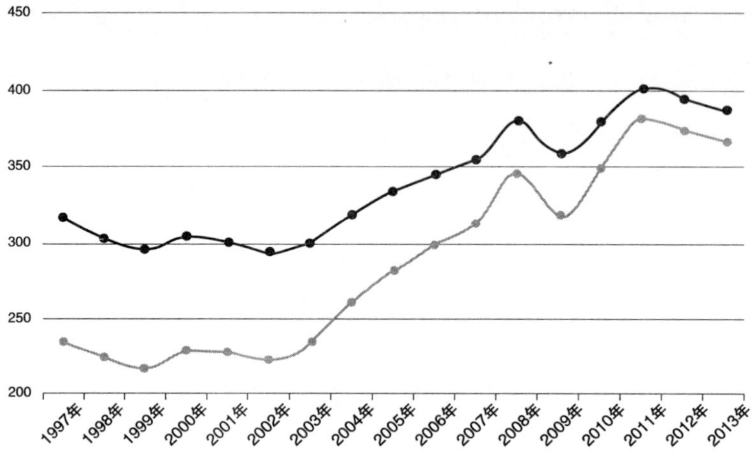

图1-2 1997—2013年企业利润指数

从图1-2可以看出，近年来企业利润区域萎缩，但从图1-1的居民消费价格指数来看，近10年来一路上扬。随着世界经济整体疲软，CPI的增长，自然资源逐渐匮乏，低成本劳动力优势逐渐丧失，导致企业运营成本骤升；同时，过去粗放式发展模式为企业向集约化、精细化、品质化发展模式转变留下了严重的后遗症，导致人才结构、商业模式、管理模式等大互联时代企业发展受到阻碍，给企业的运营也增加了较大的硬性成本。

企业资金使用成本太高

举一个民营企业使用资金成本的例子：一个企业要想从银行那里贷出来1000万元，前期的各种费用加起来约60万元，年利率约6个点，也就说企业使用这1000万元1年的时间至少得赚回120万元才能平账。也许有人会说，给我1000万元如果一年120万元都赚不回来，这生意就别做了。

确实，如果做倒买倒卖的投机生意可能没问题，如果做产业投资，这账就算不回来了。就拿资金使用量比较大的粮油企业来做例子：一家面粉企业的原粮使用成本约占产出值的90%，贷款1000万元，最后有900万元到手里，按使用

1轮1%的利润计算（不含财务成本），能获得9万元利润，这笔资金要使用18轮才能拿回162万元，平均下来1个月得转1.5轮。但现实状况是行业平均开工率30%，也就是说，这家面粉厂把900万元的麦子买回来，在保证1%的利润前提下，在两个月内实现3轮流转，才能偿付银行利息。试问今天的粮油企业，当然，也包括啤酒企业、水泥企业等大宗制造业，有多少商品周转率能达到这样的标准？

企业管理黑洞侵蚀利润

我们在为客户服务过程中遇到不少这样的问题：

开绩效考评会议时，莫名其妙地冒出一笔开支。

一线业务人员经常给领导打电话，这个客户是否还需要继续支持下去？

季度绩效考评时，货卖得不少，但利润越来越少。

我们总结在日常企业管理中，存在侵蚀利润的三个黑洞。

黑洞一：组织架构

迄今为止，国内企业组织架构基本模仿西方经典管理学说。“西学东用”的组织管理，国内企业在执行上就出现不同程度的问题。

企业生产运营根据供应链的各个环节需求，结合控制原则设计。整个环节看似产供销环环相扣，但当某个环节或者产品出现问题需要负责的时候，整个环节就会出现一盘散沙的现象。

我不止一次碰到这样的情况，企业开绩效评估会的时候，首先，总工先自我检讨一下，但很快话锋一转：原料是影响质量的关键，所以我们要抓好采购问题。采购会说，我们经过严格的监控入库，如果有问题是仓储或者生产部门配置、使用不当造成的。结果一场会下来，除了一顿肝火，什么问题也没解决。

下面，我们分析一下一般工业品生产企业的供应链循环环节：

品控研发—原料采购—原料运输仓储—生产管理—成品仓储运输—渠道流转

这个循环周而复始，其中，渠道流转是最核心的流转动力。市场需求诞生，品控研发才能开始；品控研发的质量标准，对应原料采购标准……

整个流程，环环相扣，如果分割管理就会形成循环的问责体系，最终导致产品销售困难，究其原因可以归结在不同部门上，但相关部门都可推卸责任。

我们在大宗生产型企业中仔细研究这6个环节，发现了一个很有趣的现象：销售和原料采购是一对尖锐的矛盾体，因为，销售不好是因为原料价格高、原料不好导致产品质量出问题，这两股力量是影响企业效益最大的因素；

原料的储运和成品的储运是另一对矛盾，生产和物流时间控制上容易导致互相推诿，他们是影响企业运营效率最主要的两股力量；

如果将这种矛盾部门融为一体，在一个单元内部来处理相互对立的矛盾，必会减少相互推诿的可能，然后在单元之间建立承接任务和制约执行的体系，势必会让这种单线流程的矛盾得到化解。

我在做市场调研的时候，经常听到市场一线人员对企业管理层这样的评语：市场问题都知道，解决方案嘛——都不知道！

事实上如果部门之间分块管理，管理层永远不会知道解决方案在哪里。解决问题的办法永远只会在出现问题更高的层面上。

黑洞二：组织流程

市场人员打电话给销售老总：经销商还欠我们10多万元，而今销售旺季来了，他想再赊点货，老总你看这怎么办呢？

老总说：我怎么知道怎么办？你决定吧！

接下来，业务人员就懵了。经销商再拖15万元不给，今年不就白干了嘛！

无疑，业务人员希望决策于内，自己不担责任；而销售老总因为不了解情况，则盲于外！

面对管理决策层面的问题，我们应该界定什么事情该决策于内，什么事情该决策于外，同时分清内外各自优势，我提出两个流程建设原则性的观点：

以各岗位拥有的资源优势为基础制定流程；

公司沟通与工作交接的标准化是流程建设的必要条件。

至于什么是标准化？我认为，标准化犹如库管人员在检查包装是否可用的时候，并非看一眼就了事，而要有明确的规定，需要对每一类包装的各项指标检查多少个，少一个指标都不行。还有个例子就是开业务报告会，老总肯定是希望大区经理汇报得越详细越好，但大区经理就是说了几个数据，老总觉得工作做得不够细致，最后草草了事，你说这是谁的责任？这就是一个沟通的标准问题，做营销的老总可将希望下属汇报的问题细化成10个、20个指标，让下属有的放矢，有章可循。

当然这种比较突出的问题在一些外资企业或做得比较优秀的本土企业早已经解决，但这是一个优化和精进的过程，是一个变化的过程，我们不能认为把丰田管理那套东西，可口可乐营销管理那套东西拿过来就可以用了，就可以作为管理的圭臬了，这些经验和我们今天碰到的问题永远不可能无缝对接。

黑洞三：组织磨合

企业管理界流行这样一句话：企业是一台机器，文化就是润滑剂，用了润滑剂就减少了每年这台机器的折旧率。

当年联想收购IBM，柳传志最关心的问题就是文化融合的问题，这点我觉得是当前民营企业老总最易忽略的一点，因为传统的观点认为有钱就有人干，有钱就能干好事！

在业界内同样流传着一句话：元老团队看空降兵的笑话。

“不是高薪把你弄来了吗？你行我不行，好吧，看你能折腾成啥样！”

空降团队在抱怨本土团队老土：“这点事情都想不到，难怪做这么差！”

团队在思想上难以统一，彼此之间的职责界限将变得越来越小，同时面临问题又是相互推诿。

如上事态是业界常病，要改善此状态，我们必须记住“企业文化的包容性有多远，企业就能走多远。”所以，我们要处理这三个黑洞必须得把握以下两个关键点：

一是空降兵与本土团队的融合；

二是不同岗位对自己职责的理解。

抹平这三个黑洞，并非一蹴而就，这需要企业各层面管理人员怀十足耐心与架构、流程、组织磨合之间的问题周旋。显性成本我们都可以看到，但那些隐性成本需要我们的管理层怀着不断精进的心态，甚至要有不破不立的决心，才有可能建立适应大互联时代管理特点的管理体系。

CPI、资金使用成本、管理黑洞三味虎狼之药，将中国传统企业的利润侵蚀得体无完肤。同时，更为致命的一点，传统企业的产品思维、推销思维，企业的商品在市场上大多处于基础功能竞争，不具备溢价能力，使企业最终的增长引擎乏力。很多企业老板希望通过战略产品的导入获取高额利润，通过高额利润来抵消掉CPI的侵蚀、资金使用成本和企业管理的跑冒滴漏，但对战略产品的研发、工业设计、品质保证、消费者互动上又容易处在徘徊两难的境地，也就是说大多数企业的战略产品的推出是不成功的，导致当初计划的投入产出难以平衡。

三、大互联时代的商业价值变革

大互联时代商业价值演变

从利己到利他

中国有句俗话叫“无商不奸”，现在大家理解为经商的人都很奸猾，给人感觉是你经商不奸怎么能赚钱呢？但中国还有另外一句话，叫“小胜靠智，大胜靠德”，这两句话听起来就矛盾了，这个“奸”和“德”貌似不在一个频道上。

其实，“无商不奸”这个词在中国古代是“无商不尖”，而非“奸”。说过去大家在卖米的时候，卖家在用斗量米时会以一把红木戒尺之类削平升斗内隆起的米，以保证分量准足。银货两讫成交之后，商家会另外在米筐里汆点米加在米斗上，如是已抹平的米表面便会鼓成一撮“尖头”。量好米再加点添点，已成习俗，即但凡做生意，总给客人一点添头。这是老派生意人一种生意噱头，这一小撮“添头”，很让客人受用，故有“无商不尖”之说。

大家看这个“尖”是什么呢？就是利他，其实这在几千年来，中国的传统商业价值观就是利他。

怎么又变成利己了呢？

反过来看利己，其实这是一种畸形的商业状态。我们研究中国历史能发现一个问题，中国一直以来繁荣的是农业文明，也是一种自给自足的文明。在宋代一度萌发了商业文明，但随着政局动荡，战乱四起，自然灾害频频，那点微弱的商业文明被渐渐扼杀。也就说，在我们中国人骨子里，小农思想、地盘思想一直以来都很严重，眼中一直只有自己的一亩三分地。

同时，中国自上古到改革开放前，“吃饱饭”的问题一直困扰着我们。那人的底线是什么，马斯洛想得很清楚，最底层的还是人的生理需求，吃饱饭是第一要务，吃不饱饭就要革命，什么君君臣臣父父子子，在吃不饱饭的年代都不可能执行这个理念，解决今天的问题，甚至这顿饭怎么吃到的问题成为首要，所以，那点可怜的商业文明逐渐就沦落为“无商不奸”了。

所以今天谈利他，推崇利他，这是在物质文明发展到一定阶段后，对于商业文明本质特征的反思，这也体现大互联时代人们开始把关注点放在附加值需求的挖掘上。

从功能到价值

从功能到价值的演变，在大多数人看来很难理解，功能不是价值吗?

我只能说，功能是价值的一部分，今天打开消费者腰包的，远远不止功能!

我们办公室就有两群人，一群60后，一群80后，这两群人购物特点很不一样，归纳起来是这样的：

60后的这群人买的实用物品居多，比如手机、充电器、电脑、图书、地毯等，至少买的时候有明确的概念，我先有需求，然后买了这个东西，买的时候还会附赠我一些东西，我感到很高兴。

80后呢？不是先有需求，是形成了每天逛电商的习惯，逛着逛着，发现这小玩意挺不错，还有个赠品，买什么赠什么，买一小点东西赠一大堆东西，那个兴奋啊。买一盒茶，主要是因为有个好玩的赠品；团购一顿餐，主要是因为有好玩的赠品。2014年我们帮斯美特食品公司策划了一个黄帝鸡汤面，里面为黄帝鸡汤面设计了一个赠品——一只小黄鸡。我们在去学校搞推广活动的时候买一箱方便面送一只小黄鸡，很多学生就为了那只小黄鸡，排队买一箱方便面。对他们来讲，方便面都差不多，现在不同品牌间口味差异也很小，也就说在功能层面大家都扯平了，什么让消费者感觉有价值呢？就是让他们感觉好玩，你为他们创造了一种体验，在买统一、康师傅的时候享受不到的体验。那个小黄鸡仔在那挂着一晃一晃的，很萌很可爱，挂在宿舍的床头，或者放在桌子上，看着很有意思，因为这种体验，他们就买了。

不只是食品，现在任何东西，吃得、穿的、住的，在硬性功能层面基本都扯平了，再去强化硬性功能已经不能引起消费者的共鸣。他们更需要一种对他们的理解，对他们高兴和悲伤的理解，对他们幸福和失落的理解，对他们冲动和理智的理解，这些才是他们认可的价值。未来很多产品都是这些理解的承载物，他们购买了价值，顺带消费了产品。生产者把功能做到是理所应当，如果连产品的基本功能都做不好，就不要在这个行业做了。生产者需要做的是在提供优质产品的基础上，让消费者感受你的价值。

从博弈到协同

2014年马云跟王健林打赌，马云说电商会战胜线下，王健林说线下会战胜线上。半年多时间刚过去，王健林在高层会议上说：我们该检讨了！过去我们的互联网思维做得不够好，我们卖房子没有用互联网思维。在马云刚刚被福布斯宣布为大陆首富后，王建林就宣布跟马化腾、李彦宏合作搞电商。

由此可见，过去的认识不重要，重要的是对未来机会的认识。马化腾过去也在搞搜索，搞SOSO，现在也还在做，但一直做得不太好；百度前两年也在搞电商，搞百度有啊，但这个服务很快就销声匿迹了。过去每个人凭着自己的财力和人力积淀，想做业务板块延伸，但发现他们自己团队延生出来的业务几乎都没搞成功，反而是他们最近两年收购的那些业务，每个版块依然保持着行业的地位。百度把糯米团收购了、把爱奇艺收购了，把各自的业务整合在他的搜索平台周围，既保持各自的优势，还实现平台的互为配套支撑。

从BAT近两三年的收购脉络来看，这三家企业的发展思路已经变了。从过去的博弈，变成了现在的协同，通过构建协同的业务板块，去挖掘无限的消费利益。

从占有到使用

1789年，法国《人权宣言》上第一次提出了这样一个概念：私人财产神圣不可侵犯。2014年开始，中国开始酝酿物权法，保证个人对不动产的占有权。数千年来人们对财产的占有意识和法律依据还在不断完善。但从另外一个角度，我们也看到一种现象正在演变。

过去很多美国朋友在评价中国人买房，说他们实在想不通为什么中国人愿意花几辈人的积蓄来供一套房，因为很多美国人是把房卖掉，根据工作的需要在未来的定居地租房。当然这中间有很多中国固有的历史认知原因，但今天的85后、90后，你相信他们会花掉几十年的积蓄，就为去供一套房吗？

我认为未来不会这样。老一辈所处的时代与今天不同，那时有个房子叫安居乐业。但在大互联时代，世界的距离变得扁平了，未来在什么地方生活工作，有太多的不确定性。这种不确定性，使他们更愿意挥霍青春，成为月光族，享乐于当前，当然如果有足够的实力，他们也不介意买个房子装点生活。但很显然，他们的关注点从过去的占有变成了使用。

在北京如果你有一辆车，在不开长途的情况下，每个月的运行费用、停车费用大约需要1500元，一年下来也许你就偶尔用用，但也得支付18000元，但这笔费用，足可支付2~3次单人全国旅行。每天中午，在北京CBD的公寓，租用一个午觉时间的床位只需要30~50元，引起很多白领的兴趣。如此种种，表达着对占有权的关注正在逐渐成为过去。

大互联时代消费的演变

什么样的年龄层成为时代的主力人群，什么样的消费需求就会被催生。

我们回顾看近几年的经济热点：

在过去的10年间，中国最热的经济是房产。当然，房产永远是刚需，国家不该把房产当成纯商品来运作，这个我们先放在一边。但我们看过去十多年房产经济的井喷，它是一种历史必然。这十多年是中国房产经济从无到有的十多年，从分房子到买房子，从无到有的刚需，肯定会经历一轮井喷。其中还有更厉害的一种需求，就是结婚用房。过去这十多年，80后出生的人都该结婚了，结婚了就该有个房，这是中国的传统观念，而这种观念正好被利用了。

有很多专家说“丈母娘催生中国房产经济”是一种肤浅的说法，我不这么认为，这只是对中国房产经济的一种不同的解读罢了。丈母娘不希望她们的孩子像她们一样受苦，所以一定要个房子才能结婚，所以说这轮房产热，一是老一代人从无到有拥有房产，二是80后这代人的结婚房。

2005年以后又一个投资热点催生，孕婴童投资。红孩子、乐友等如雨后春笋一样生长起来。这是因为什么，80后这群人出生后该生孩子了。这在淘宝的变化趋势上你也能看出来，2002年的时候淘宝主要经营特点是淘的东西便宜，这两年你看淘宝的经营特点是什么，搞品牌旗舰店，搞企业旗舰店，就连在淘宝里面的小店也搞得那么高大上。淘宝现在追求的不再是跳蚤市场，淘些低价的玩意，因为什么？2002年前后上网这群人还没适应网购，当然更重要的是没钱，所以便宜货大受欢迎；现在这群人很多当经理了，当总监了，都有钱了，再去淘低价商品跟现在的生活状态不符了，所以搞出个旗舰店，让大家感觉去天猫买东西也很有品味。

现在的消费者是60后、70后、80后、90后并存的年代，消费需求更加多元化，产品功能分化越来越细。随着80后、90后的不断壮大，这种彰显自我，追求个性，定制开发的需求将会越来越多，与之相适应的快速响应、小批量生产、塑造完美体验的能力将会成为未来胜出的关键。

大互联时代消费习惯演变

分享先导

在前面提到，为什么感觉我们的决策都是错的，消费习惯变了，我们的企业家和职业经理人没有意识到，还按照过去的感觉去投广告，当然难以取得预期的效果。

传统商业时代，用户通过上CCTV、各种TV、各大报纸，让消费者注意到商家的产品，15秒的电视广告、整版的报纸广告、拍的精致程度，版面大小决定了消费者对品牌的判断，从而影响他们的购买行为，并在使用过程中有限地分享给身边的亲友。

而在互联网时代，网络提供了一个免费的产品展示平台，亲友的产品使用分享会很大程度地吸引用户的注意，促使他们自主搜索产品信息并对该品牌产生判断，从而产生购买，购买之后又通过QQ、微博、微信等社交平台分享给朋友。

两者都处于消费循环中，并且循环结果都是产生购买，但有所不同的是，其中的消费启动环节发生了变化。传统模式在广告宣传部分启动，而现在的互联网模式却在信息分享环节部分启动。创造分享，成为大互联时代推动购买的第一大动力。

分享先导这个提法貌似很新，其实就是过去的口碑。那为什么分享先导在大互联时代凸显得更为重要，这是因为我们的企业家和职业经理人还没从过去成功的30年中转变过来。在过去供不应求的年代，甚至是供需平衡的年代，看准各种功能诉求，再通过媒体一放大，一定是等着发货，等着咨询电话。因为我们的老一辈人经历了物质短缺的年代，所以各种刚需被媒体放大后就引起了疯狂消费。但今天的主流消费群出生在物质丰富的时代，更强调什么东西合适我。同时，相比媒体，他们更相信身边的现实效果。

所以商业还是要回归到其本质上来了，只有做出口碑，用极致的产品和完美的体验不断吸引消费者，他们才会认同你和你的产品（见图1-3）。

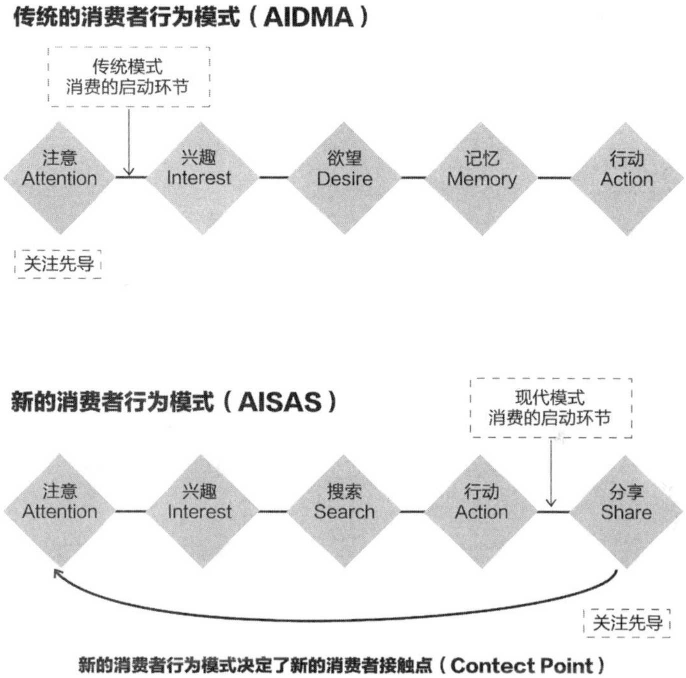

图1-3 消费习惯演变——消费习惯从关注先导变为分享先导

碎片时间

前些年有个词，叫渠道为王。这个观点一提出来，企业都疯了，搞零售的火了，所有人都来供着这个王，当然财富都流到这里了。这些大牌们财大气粗，大搞“空间战”，去超市买货架、买端架、买堆头，进酒店直接买店，康师傅和统一为这竞争激烈，空间战至今没有停歇，导致渠道成本越来越高，厂家甚至只能赔本赚吆喝。比如白象在河南推他的新大骨面，整个超市差不多变成白象的专场，放方便面的货架几乎再也放不下一个新品了。

但这样的投入有效吗？我想白象的决策人很清楚。曾经的通路精耕成就了白象，但今天再来里面挖潜恐怕很难了，因为消费者的关注点已经逐渐从这里转移。

你在北京、上海，甚至郑州这样的城市，看看年轻人都在干什么，逛超市的人明显数量减少了，年龄明显偏大了。这群年轻人去哪了？没错，也在逛街，不过逛街的时候在看手机，等地铁、等公交车的时候在看手机，闲得无聊的时候会习惯地拿起手机来看看，他们的视野已经从眼前这场景转移进了无限的互联网世界。

更何况，在快速的城市生活中，作为消费主力军的上班族，加班都加不完，哪有时间去超市里再精挑细选？慢慢观赏你的货架？现在他们只剩下一大堆碎片时间，这种碎片时间将消费者从PC端流量争夺到移动端，催生各种手机App，抢了消费者的时间，让他们没空注意你。传统企业想升级，那就别只盯着传统渠道，用户的眼睛瞟向哪里，哪里才有市场。

社群时代

最近有个85后要生孩子，听她聊起北京的妇产医院，简直跟专家一样，哪家医院有哪几个专家大夫，设备状况如何，容易出现哪些问题，如数家珍。她说她去过一家口碑不太好的医院，发现那家人特别少，设备也特别破旧。

由此联想到前些年做孕婴童市场研究的时候，孕婴童的QQ群、论坛特别活跃，哪款产品吃了不上火，哪个品牌、哪家机构存在问题，简直让口碑差的品牌和机构无法遁迹。而这群人就因为孕婴童这个主题牢牢地粘在一起，成了一个信息可以瞬间共享的社群。

其实，这种社区在我们现实生活中无处不在。驴友有驴友社群，羽毛球有羽毛球社群，美食有美食社群，甚至拼车都有拼车的社群。他们相互的认可及在社群共享的信息，其关注度令人吃惊。

在大互联时代下，网络的无限性网罗了世界上不同爱好的群体，白富美，高大上……这些不同的群体内部展现出互相认同，互相影响的行为。企业推出的产品会被相关的群体讨论，好与不好不是企业说了算，而是大家认不认同的问题。如果大家认同，那么销售就不再是难事。现代的商业之道变成为小而美，以前是靠近产品端，依靠产品、厂家。现在经营用户端，代言用户需求。服务好相对应的社群是最恰当的做法。

大互联时代消费角色演变

今天，消费者的角色也发生了巨变！

郭敬明的《小时代》火得一塌糊涂！这是社群经济的结果，同时也是今天消费者消费角色向产业生产者、传播者转变的结果。

无论该片是否迎合当今社会主流价值，彰显文艺价值，但结果是，《小时代》确实通过时髦的商业模式——众筹，获得了超过历年贺岁大片的票房。

过去一说上个新片，就谈阵容、谈投资多大，这几年发现管你是谁，管你投资多少，你的东西让我没感觉，我就不会围观，更不会掏钱。既然要他们掏钱，就要提看法，就要让他们参与意见，你的产品要让他们感受到参与感，他们才会真正地融入。现在有许多有心人在分析小米的成功之道后认为，之前确实忽略了小米软件诞生之初那些程序员在圈子里反复的探索和修正。

可见众筹，圈钱是假，圈人是真！消费者参与众筹，意味着消费者已经成为该电影准消费者，同时也成为了影片的准免费传播者，影片内容的参与者。

众筹，当算消费者有形参与企业制造产品最深刻的形式，但更多无形的参与形式在无时无刻、每个角落发生。DT时代，我们的每个行为都将转化为数据，被记录，而行为背后就是产品研发最夯实的根据。

过去，消费者仅是产品的购买者和使用者；而今，消费者已成为集“消费者、生产者、营销员、传播媒体、销售渠道”于一身的综合体。

今天，大互联时代商业生态格局基本形成，这给予部分前瞻者无限财富和机会，同时也使部分追潮人兴奋，但是更多的是一大批传统企业正遭受它带来的不可预见的焦虑！

2020年，我国移动互联网用户将达到8.4亿户，普及率将超60%，五年后的今天，其商业格局将以何种方式呈现？我们又如何才能在这个充满无限财富、无限可能的大互联网时代存活，富足？

面对尽在云端的未来，需要我们蜕变！

第二章

传统企业蜕变急需四个转变

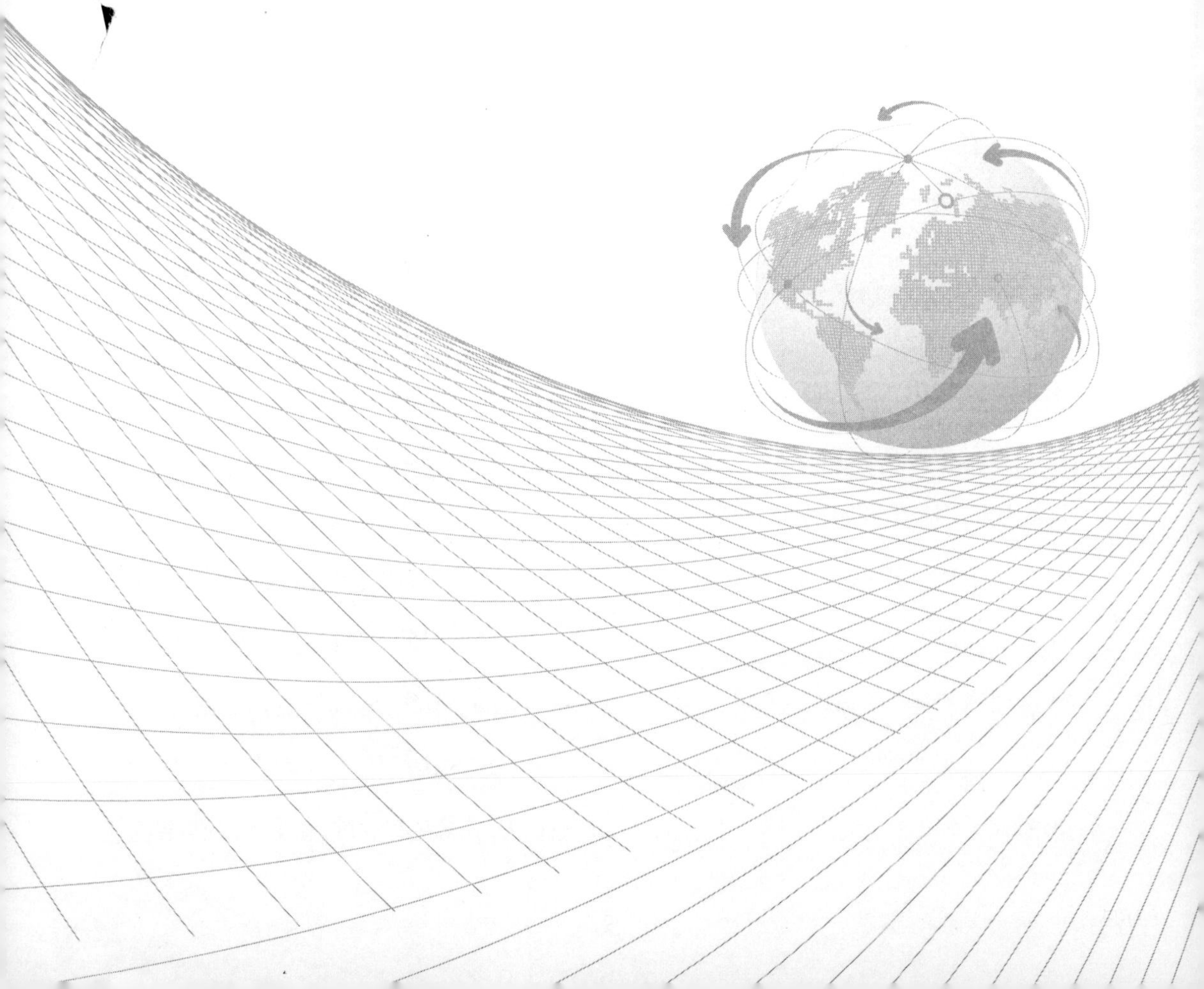

一、产供销竞争到价值链竞争

2014年年初接到北京大学汇丰商学院关于“企业如何搞好产供销”的课题邀请，坦率地说，我不太喜欢“产供销”这个词。在20世纪80年代，我们的企业都喜欢讲产供销一体化，当然是有什么卖什么的资源贩卖时代，实现产供销一体化当然是一个不错的选择，这个时候企业最大的成本是如何去争取资源扩大生产，生产到位了，后面的供和销只要配套资源就自然能实现循环，这个时候“产”当老大，“供”和“销”当配角，有“产”自然能“销”，企业要做的事情就是保证“产”的情况下，如何让“供”和“销”降低成本以提升整体绩效。

今天企业面临的还是“产”的问题吗？现状是刚好调了个顺序，今天我们的企业“产”不是问题，“销”成了问题。“产”和“供”变成了保证质量成本的环节，“销”变成了一个增值环节，貌似龙头从“产”变成了“销”，变成了“销产供”！

但仔细分析一下，这个命题还是不对，当前也不是“销产供”的问题。对企业而言，“销”不是目的，产生价值才是目的，也就是说无论“产供销”，还是“销产供”，都无法准确描述今天企业组织资源，实现市场增值的完整过程，所以考虑用“价值链”这个词来替代，即我们应该去深入探讨的是大互联时代如何用互联网思维重构企业价值链的问题。

关于如何重构企业价值链，天策行在2004年服务中粮集团的时候就开始研究这个课题。当时比较流行的组织模式是“1+6”，即一个总经理配6个副总，分别负责财务、行政、研发、生产、营销、采购，这也是典型的产供销的构架模式。在和中粮集团的负责人沟通分析后发现，这种组织模式存在严重问题，即模式下每个人负责一摊，企业没有增值概念，导致企业绩效设计没有增值导向，也就导致很多扯皮的事情没法解决。

在经过多次碰撞后，中粮团队决定引入价值链的组织模式，从最终的增值目标入手，以终为始，来反推、划分价值链环节，在这一思考下重新架构企业，形成了中粮集团内引以为豪的“三元管理模式”。

今天谈互联网思维如何重构企业价值链的问题，那是不是说以前的价值链思维出了什么问题？

按照我对今天国内大多数民营企业的观察，不仅谈不上用互联网思维来重构企业价值链，甚至连价值链的理念都没有，尤其是大宗生产企业，还停留在“产供销”的时代。我先用价值链层次分析方法对价值链做个立体描述（见图2-1）。

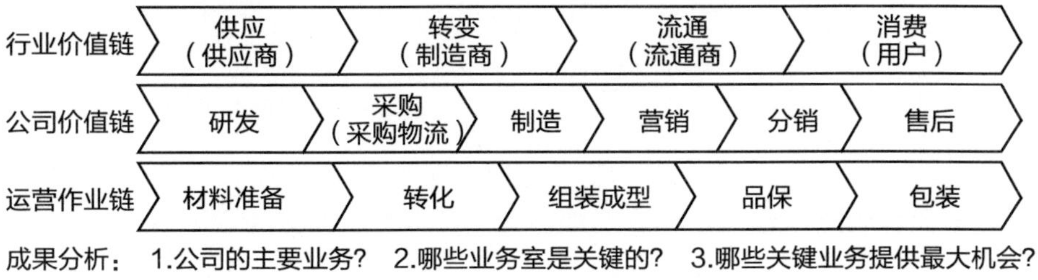

图2-1 价值链层次分析

在对价值链描述清楚后，我想从两个层次来谈这个问题：一如何引入价值链的理念。二如何用互联网思维重构企业价值链。

如何引入价值链的理念

我认为引入价值链核心有两条：

一是要有增值目标，以终为始地思考问题。

比如中粮的专用面粉，一开始有增值目标吗？没有！康师傅、卡夫都争着要专用面粉，利润还不错，觉得赚钱，就开足马力干。但后来康师傅突然停止购买，表示找到了更便宜的替代产品，中粮一下子陷入了困境。这么大的产能怎么办？这么多人怎么办？这么多原料怎么办？一开始欠下的课不得不重头补上来，即我们这个企业的增值目标是什么？

我们对国内企业分析发现，除了康师傅、卡夫之外，专用面粉这个需求还真不小，一个小饼房一天就能消耗十袋八袋的。关键是中粮原料不稳定，导致成品不稳定，影响生意成大问题。详细分析过后，这个增值目标确定了——做国内最专业的专用面粉企业。

然而这个目标怎么让客户知道呢？那么多小散户怎么把货运过去？中粮用加拿大小麦，成本那么贵能实现吗？既然目标确定了，围绕目标，我们反推回来，展开了产品的改造，渠道的改造和研发的改造。七八年过去了，今天引以为豪的是，去任意一个面包房或者糕点房问知不知道中粮鹏泰的3850或3250面粉，几乎没有人不知道，并且很少有人说不好用，再说到产品成本，在业内恐怕是最有竞争力的。

二是要有增值路径，习惯因为所以式的思考，建立内部客户关系。

确立最终的增值目标之后，就得反向来架构这个价值链条。拿大家一日三餐的馒头来举个例子，作为消费者，你是最终客户，馒头房要为你负责，面粉厂营销人员负责给馒头方提供蒸馒头的面粉，营销人员就得为馒头方负责。那企业内部谁对营销人员负责呢？我们就得一步一步捋出来，反推回来营销之前是储运，储运之前是生产，生产之前是研发，研发之前是采购，前者都是后者的客户，后者要对前者负责。

这个路径清晰了，增值环节就清晰了，大家的职责边界也清晰了，企业内部就形成了逐个环节负责和协同的机制和理念。

如何用互联网思维重构企业价值链

到这里该入正题讲讲如何用互联网思维重构价值链的问题。

雷军2014年提出了“互联网思维”这个词，并且用他的7字真经诠释了互联网思维，即“专注、极致、口碑、快”，虽然业界对此颇有微词，但我依然认为这个词是一场产业革命的先兆。

说到互联网重构传统企业价值链，我们对2014年王健林和马云的那场豪赌估计还记忆犹新。1亿元勿论输赢，两人的合作已经开始了，万达影院已经进入支付宝钱包公众服务平台，并实现声波取票。用户只要关注支付宝钱包“万达电影”公众号，就可以在里面办理在线选座、购票等服务，而且能够用支付宝钱包声波取票入场。

我们不难发现，传统企业的触网之路大致经过了四个阶段：首先是传播层面的互联网化，通过互联网工具实现品牌展示、产品宣传等功能，比如做百度推广、视频网站广告合作等；其次是渠道层面的互联网化，通过互联网实现产品销售，这个阶段催生了大量的垂直电商平台和第三方电商平台；然后是供应链层面的互联网化，通过C2B模式，消费者参与到产品设计和研发环节；最后是用互联网思维重新架构企业，因此最高阶最彻底的互联网转型，就是通过互联网思维去重塑企业的整个价值链。实际上今天我们看到小米、黄太吉都处在第三和第四阶段之间，将互联网由外而内地融入企业变革之中。

基于传统企业触网四个阶段的分析，互联网思维重构企业价值链，主要体现在以下四个方面：

市场与消费群重构

今天几乎所有的企业都面临市场与消费群重构的问题：首先，消费群的需求在变化。20年前是温饱需求，诞生了以产量为核心的各种产业；逐渐在温饱被满足基础上，诞生了质量、品质的需求，催生了一批大众品牌；而今天，在质量和品质高度同质后，小众、定制化的需求被迅速催生。其次，消费方式在变化。在媒体垄断时代，人们只有被动接受媒体传播。而在互联网时代，变成了消费主权时代，消费者有更多的可能选择媒体和渠道，甚至在创造自媒体和渠道。

举一个市场和消费群重构的例子。说起方便面也许人们只听过康师傅、统一，再多一点可能听过白象和今麦郎，第五名估计大家都不知道了。但这里要说的正是这个第五名——思圆。因为以前活动范围和当年的娃哈哈一样，主要在乡村，在温饱和品质时代，思圆方便面在乡村获得了迅速发展，做到了快20亿元的销售额，而就是刚才说到的这一系列变化，思圆逐渐发现这个市场出现了天花板，有购买力的人都去城市打工了，没有购买力的人消费量在减少，更要命的是康师傅还拿一些狙击产品来给你建立门槛，受成本影响，价格是涨不得，降不得。

我们分析发现，方便面市场的萎缩，不是说明方便面的需求真的就萎缩了，年轻人的需求依然存在，只是这些年国内品牌在康师傅划定的道上比赛，大家都在跟康师傅比，比成本、比广告、比终端精细化，于是就把自己比下去了。

我们在介入这个项目后，重新界定了市场和消费群，策划了黄帝鸡汤这个战略新品，根据新消费群特征重新组织了渠道和传播，通过3个月地面活动的组织，获得了预期的市场反馈，尤其消费者对我们创意的小黄鸡很感兴趣，很萌的样子，很多消费者就因为这只小鸡成箱成箱地买，这在过去还在温饱的年代是不可想象的。

技术创新流程重构

说到技术创新流程重构，有一个大家都有切身体会的例子。你的企业一个新品研发周期是多久？6个月？3个月？还是1个月？可能研发人员告诉你1个月够短了。但是，如果说一般时装公司是半年的话，ZARA是15天；一般饮品公司是1个月的话，娃哈哈公司是1周。

这里想说明的是用互联网思维重构企业技术创新流程不只是快的问题，而是需要改变一种研发理念。过去我们卖车，卖点是，换个部件就变了个型号，搞得消费者眼花缭乱，但你发现营养快线品牌没变，小米的品牌没变，就是在代数上升级了，消费者体验上不一样了，营养快线一个单品做两三百亿元，小米一个单品做300多亿元，你告诉我是哪种研发理念成功呢？

商业经营模式重构

在网络上一直有个热议的话题，就是腾讯干死了多少对手！QQ群与聊天室，微信与米聊等等，这个议题我估计会一直延续下去，因为在腾讯这个帝国里，任何创意都有可能被他快速复制应用并提升，而这得益于腾讯是最早用互联网思维重构商业模式的企业。在这里，收费的技术都变成了免费，而人们可以通过支付很少的费用去获得更多增值服务。

产业链与产业边界重构

小米是手机企业还是互联网企业？黄太吉是餐饮企业还是互联网企业？创新的例子不一而足，你会发现他们无一例外地在打破传统的产业边界，以消费者为起点重构产业链与产业边界。

传统企业最容易犯的就是竞争对手盲目崇拜症，比如空调行业崇拜格力，方便面行业崇拜康师傅，食用油行业崇拜金龙鱼等，一崇拜竞争对手就容易拿自己的企业去和竞争对手对标，对标就只能跟着竞争对手的路子去投入资源，我们看到太多的企业把太多的时间和资源浪费在竞争对手身上，而忽略了真正为他们事业埋单的消费者。

二、机会战略到平台战略

传统企业机会战略生存现状

2010年的时候，郎咸平先生出过一本书，叫《我们的日子为什么这么难》，里面有个观点要引用一下：对于中国的制造业而言，我们刚好被卡在中间——购买原材料的价格是华尔街控制的，生产出来的产品价格又被美泰这样掌握产业链制高点的公司控制。我给美泰这样的公司取了个名字，叫产业资本；给华尔街也取了个名字，叫金融资本。我们的制造业可谓前有狼后有虎，金融资本好比狼，产业资本好比虎。具体点说，就是购买原材料时，是金融资本在控制我们的价格；在销售时，是产业资本在控制我们的价格，我们就这样被夹在中间，被剥削得干干净净。

这就是我们传统制造业秉承机会战略的生存现状！

前些年有个笑谈：中国一买什么，什么东西就涨。而这种夹缝中生存的现状，我们的很多民营企业依然没有看清楚。

2009年我见到一位安徽粮油行业的女企业家，秉承机会战略，把企业做成了安徽粮油界的龙头老大，对于当前粮油行业开工率不足30%的现状，我们曾经进行过一段很经典的对话。

对粮油行业这些年来一直开工不足，产能是需求量的300%，她的理解是粮油行业的压力是短暂的，这股风波挺一挺就过去了，明年应该会有所好转。

我告诉她，中国粮油行业的重复建设、同质竞争太严重，虽然粮油行业是刚需，但原料供应是紧平衡，中国每年只能产出1亿多吨的小麦，只能磨出7000多万吨的面粉，中国十几亿人对面粉的需求也差不多就这个量，这个是无法超脱的现状，而现在国内磨面粉的机器产能是这个量的3倍，这个现状怎么可能会改善呢？所以下一步的出路一定是结构调整，而不是等待。当初欧洲人对他们的经济困境也认为等一等就过去了，他们为此等了近100多年；日本人也认为等一等就过去了，他们为此等了近30年。

6年过去了，一大批重复建设的面粉厂倒闭了，等待没能给我说的这位企业家带来好运。从所有的经营悲剧中我们可以总结出，奉行机会战略，我们很难在全球的经济和产业布局中树立起自己的核心竞争力，我们只能赚快钱，赚辛苦钱，赚了点钱之后我们什么都没有，别人不给我们订单我们两眼一抹黑，剩下的就是一堆当废铁卖的设备。

平台商业如何思考

2015年出差去郑州的时候，路过郑州火车站，郑州公司的同事问我：你猜这里要饭的人一年能赚多少？我说怎么也得三五万吧，这么多人。他告诉我一个惊人的数字，根据业务水平不同，郑州站里的行乞人员年收入八九万到十八九万不等，这相当于一线城市一个中级白领的工资。我不由得感叹，平台做起来了，连要饭都能赚钱！

上面我们谈到奉行机会战略的传统制造业正生活在水深火热之中，那对于今天的平台企业呢？

2015年福布斯发布了最新的排行榜，榜首的是马云，上市后将以218亿美元（约合1300亿元人民币）的财富占据全球富豪排行榜前30位。接下来的是马化腾、李彦宏、王健林和宗庆后。这5个人的商业王国有一个共同的特点，他们都具备一个能形成自我生态循环的平台，这个平台能够不依赖任何外围因素，却能对外围资源形成强大的吸附能力。

说阿里巴巴是平台，腾讯是平台，百度是平台，可能大家容易理解。电商购物首选阿里的Tmall，打开电脑或手机上网聊天首选QQ或者微信，上网搜索信息首选Baidu,那为什么说王健林做的是平台，宗庆后做的也是平台呢？

王健林的万达广场有个口号：万达在哪里，城市的中心就在哪里。万达就是一座城，一座各种功能都很完善的城，吃喝玩乐都能在万达广场里面解决。王健林跟马云打赌的时候底气很足，日用品可以通过电商解决，但谈恋爱的时候总得去逛逛街吧，朋友或商务聊天总得去咖啡厅吧，理发的时候总得去理发店吧，所以对于人的吃喝拉撒来讲，线上能解决的问题还是有限的。

王健林的这样一座城就是一个平台，万达影院人满为患，万达的咖啡厅经常找不到座位，车位经常需要排队等候，这样的平台在和任何资本对接的时候，都将具有无可比拟的谈判优势。

我们再说宗庆后的平台。众所周知，宗庆后的成功很大程度得益于他的联销体，这对于今天很多做快消品的企业来讲，在渠道上具有谈判优势是梦寐以求的事情。每年年底在开完订货会后，娃哈哈的账上会流入百亿级的现金，经销商为未来半年产品预支了货款。

通过预付款来获得产品，这对很多快消品企业来讲是不可能的事情，但娃哈哈就能做到。大家都知道有个名字叫联销体，但为什么你不能做出个联销体呢？为什么他的联销体能形成一个具有竞争力的平台，而你的销售体系却一直在跟你博弈呢？我们考量有两点你有没有做到：

一是你的市场反应速度问题。娃哈哈能在一个月左右将一个概念的产品从口味研发、到包装设计、到制作生产、到产品上市实现一个完整的循环，你的企业可以吗？

二是你的市场支持体系建设问题。配合产品上市，娃哈哈能将配套的广告传播从广告片创意、拍摄制作、播出排期以同样的速度配套，你的企业可以吗？

这两点你做不到，你的联销体就很难建立起来。市场上什么产品好卖，你能不能迅速组织资源跟随并超越他，这是娃哈哈让联销体里的经销商富有安全感的地方。为什么敢把钱预付了？娃哈哈是经销商的一个大产品经理，反应速度、支持体系别人做不到，它能做到，所以它是饮料行业难以比拟的一个平台。

平台商业思考模型图

考虑新的平台商业模式，首先定位的一定是我的用户，只有标记出他们的欲望和需求，想其所想，平台商业才有了启动的价值。

而在如今这个大互联时代，如何运用口碑营销激发网络的同边效应和跨边效应，则决定了平台商业模式的扩张规模和未来盈利基础（见图2-2）。

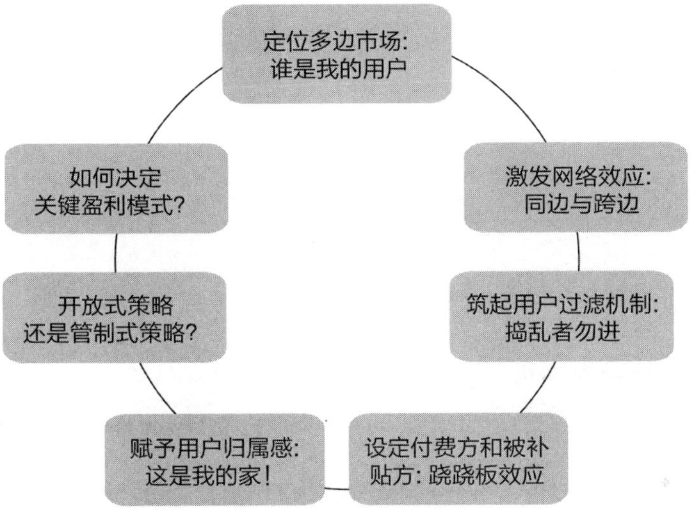

图2-2 平台商业思考模型图

然而，口碑营销往往是一把双刃剑，运用得好所向披靡，反之则自伤经脉。在“粉丝经济”横行的今天，要想平台发展稳定，则少不了对“粉丝”过滤和把控。就像网上流行的那句话：100个“僵尸粉”比不过10个“常用粉”，而10个常用粉却比不上1个“忠实”粉，这里就更不用说“黑粉”“脑残粉”的危害了。大互联时代的粉丝经济不在于多，而在于精。

一个新的平台商业就像一个跷跷板，不可能每个单元都是你的即得盈利对象，有人享受，就肯定有人付出，正所谓：“羊毛出在牛身上，熊买单，猫消费。”

经常逛淘宝的人常常喜欢说：“再买就剁手”，但众多“淘客”们还是根本停不下来。一旦平台商业给用户带来了生活习惯的改变，就像始终有一个温暖的家为你敞开大门，那谁还愿意离去呢？

当然，有了家，就一定要有家规。是采用高度开放式策略还是采用严厉管制式策略，则体现出一个“一家之长”的管理水平。

以上诸多种种的思考，保证的只能是平台商业运行少犯错误，少走弯路，平台商业要想长期、稳定的发展，就必须找到可以作为支撑点的盈利环节。否则，其战略眼光放得再远，规模再大也能只是赔本赚吆喝。

三、知识型员工到知识型老板

老板需要醒悟

前些年我被邀请参加企业培训的时候，很多老板会让他们的总经理、副总或部门总监去听，老板们一般礼节性地讲个开场白，就去处理自己的事情了。他们觉得让这些老总们听听，自己听听转述、听听心得体会就行了。这样次数多了我发现问题来了，职业经理人跟老板沟通越来越不在一个频道上，甚至很多职业经理人迫不得已跳槽。

老板在关起门来搞建设，职业经理人在快速开拓眼界。土豪大家都喜欢，有钱嘛，但没有一个职业经理人喜欢只有钱的土豪。所以我们的老板要把自己打造成为知识型老板，以人格魅力和事业格局去吸引高层次的职业经理人，才有可能获得双赢。

尤其是今天的80后、90后逐渐成为企业的骨干，他们的自我意识、职业规划意识远不是老一辈人的理念，由于信息获取的扁平化，他们需要的不是一个对他们工作指手画脚的老板，而是相互支持，相互激发的伙伴。只有在相互理念认同的基础上，在同一个频道上沟通和碰撞，对事物有共同的价值判断和审美判断，相互才可能更好地磨合。

同时，也是因为信息获取的扁平化，年轻人的新知识摄入和转化速度大大提高，过去单纯从年纪大的人传承知识的模式正在改变。信息爆炸，高度对称，社会知识水平整体提升，市场经济竞争状况也空前加剧。无论是老板，还是员工，彼此都有机会第一时间获取过往仅老一辈才知道、了解的文化、知识、技能。因为，老板与员工之间的年龄差异、财富积累悬殊，年轻一代更加注重自身能力的提升，无论是上班时期还是休息时刻都在不断地充实自己。如此环境下，老板不能跟上社会经济、科技等整体飞跃的步伐，不能与员工时刻保持同一频道，最终的结局是企业不能给予员工可靠的未来，更谈不上给予幸福的生活。

什么是知识型老板

表现一：从“恍然大悟”到“先知先觉”

在过去30年里，我们大多数企业一直在抄袭，从来未超越，所以一直难望领导者的项背。我们上面提的娃哈哈不一样，它的经营理念是跟随并超越。我可以抄袭你，但我要比你做得更好，所以它的很多产品可圈可点，尤其以营养快线为甚。

如果一个企业不能预见未来的趋势，无法及早动手去准备，就只能满足今天的显性需求，而无法满足明天的隐性需求。等到明天的隐性需求变成显性需求的时候，再开始去跟风，就会慢半拍，结果必然是“别人吃肉，自己喝汤”，始终处于不利的位置。

《黄帝内经》里有句话，叫“上医治未病”。就是说好的医生，不是等你病了再给你开药，而是在你没生病的时候就做好一些保健预防措施。经营企业和经营个人健康一样。在一些外资企业里面有个词，叫“前置指标”，就是企业可以通过设计的系统分析，对各种潜在问题及时作出判断，从而达到“先知先觉”的境界。一旦企业建立起了“前置指标”收集分析系统，就等于拥有了一套科学的远程预警系统，可以在危机到来之前及早发现问题，解决问题。

只要企业有一套完备的业务管理系统，有完善的绩效评估指标，就能够清晰地判读市场和企业经营可能出现的问题。

比如，前些年我们在跟国内某大型粮油企业合作的时候，每年的4—8月份都很痛苦，他们的主打产品挂面在这段时间开工率严重不足，并且一直得不到突破。天策行的研究团队入驻企业后，发现这家企业的挂面99.9%的是销往农村。在农村只有春耕、收麦、秋收年底那段时间，人员有大量的回流，一般情况，只有老幼病残孕或有特殊情况的才会留在农村。

这么一分析，问题的根源就找到了。农村都没有人了，产品怎么能保持销量呢？但这个问题以前企业知道吗？当然知道，企业知道产品卖到农村是有局限，也知道农村人口在向城镇转移，但知道这些后怎么办呢？他们没有设定相应的处理机制。

做流通渠道的挂面一般是一个低毛利产品，稍微运输远一点价格就没有竞争力了，所以运距是考虑这种产品比较核心的因素。基于这个企业淡旺季问题的现状，天策行的研究团队给他做了几个调整：一锁定核心市场做透，建立自己的区域地盘；二将农村的单一渠道调整为农村、城乡结合部、县市相结合，形成梯次的渠道结构；三推出战略新品，并配套上尖刀型促销产品，撕破现代渠道的口子。对于粮油产品，只要口碑不是太差，消费者一般是哪种便宜买哪种，所以对于战略新品，上市之初我们就设计好开拓性的产品。通过这一系列的调整措施，这家企业的淡旺季问题在近两年已经获得了全面解决。

表现二：经营模式从交“学费”到借“笔记”

自2001年以来，我经常听一些企业家说：“我们这家企业的问题和别人不一样，你得给我们好好诊断诊断。”在刚开始的时候，我还比较慎重地去研究他们认为的“不一样”，后来发现，不是真的不一样，是我们的企业家的目光太专注于自己的企业，太阳底下没有新鲜事，你的问题真的和别人一样。你的经营环境跟别人一样，你的产业链条跟别人一样，你的经营水平跟别人20年前一样，所以传统企业在经营模式上，没有必要完全从头再来，别人的挫折已经给我们提供了很好的经验。

很多大企业在寻找职业经理人时，总喜欢从同行那里挖人，以为这样做最保险、最安全，没有沟通上的障碍，结果形成了“近亲繁殖”，扼杀了想象力和创新的空间。

这些年我在帮企业做咨询和培训的过程中，经常会遇到这样的一些企业，他们希望找了解他们行业的人作咨询，作培训，认为这样才能作好咨询，作好培训。其实不然，最了解这个行业的一定是企业内部的人士，再聪明的咨询师和培训师也不如企业内部的人明白行业的运行规律和各种潜规则，又怎么可能提出更高明的建议？咨询和培训过后客户才明白，请外行人来咨询、培训更有价值，因为思维方式、工作方法和个人技能比行业经验更重要。

很多人都认为外行不能指导内行，因为外行人没有行业经验，对企业的状况不了解。但你从近些年崛起的商业巨头中发现，真正快速发展的，是一批跨界整合的企业，而那些固守优势的企业都逐渐淡出市场。正如湘鄂情的老板所说，今天在餐饮行业里面根本找不到我的位置。但你同时想一想，在有30%淘汰率的餐饮行业，依然有能找到位置的餐饮企业。

总之，只要思维方式转变了，“借力”是很简单的一件事，也是可以花小钱办大事的捷径。在管理上复制，在制度上借鉴，在方法上模仿，在产品上创新，这才是中国企业的正路。因为从世界上最优秀的企业那里学管理，建制度，可以迅速缩短与优秀企业的差距，迎头赶上，一旦这些基础工作做好了，企业就会步入健康发展的快车道。

表现三：从老板利益最大化到伙伴利益最大化

记得惠普公司的创始人之一比尔·休利特（Bill Hewlett）最后一次访华时，在员工见面会上曾经针对员工提出的中国惠普公司优秀人员流失问题作出这样的回答："我们不可能阻止员工离开公司，因为人才流动是正常的现象，我的愿望就是，让每一个离开惠普的员工说惠普好。"

异曲同工，马云在不同场合公开表示，我创业首先考虑的是用户利益，再考虑员工利益，最后考虑股东利益。

其实，西方企业为了自身健康可持续地发展，早在几十年前就开始关注员工利益，一方面是社会发展到一定阶段的必然产物和客观要求，另一方面大家都明白这样一个简单的道理：没有满意的员工，就没有满意的客户。一线员工在客户那里的表现，胜过高层对客户的洗脑。在2008年的时候，天策行派了一个项目组进驻潍坊华麟集团的地产项目。当时刘聚良总裁就发出一个疑问：为什么你们的员工和老板不在一起的时候工作还是有那股劲呢？当然，作为智业机构，我们企业高层和一线人员的关系已经远远不是简单的雇主和员工的关系，从他们踏入天策行成为实习生开始，就变成了天策行的事业合作伙伴。每一位新的伙伴进来的时候我都会告诉他，天策行是一个没有天花板的平台，从实习生到合伙人是通畅的。在西方企业也是这样，经过几十年的演变，西方企业的劳资关系已经变得非常和谐，不再是卓别林电影时代的那种残酷剥削的劳资关系，幸福企业成为很多企业的追求。很多企业都有员工持股计划，优秀的员工可以得到股权奖励，成为小股东之一，到最后员工和企业逐渐融为一体，劳方和资方的界限逐渐模糊，大家为了一个共同的目标而努力奋斗，很多跨国公司甚至没有工会组织，因为大家觉得没有必要。

海底捞的成功，在我看来就是简单地回归到了管理的起点，因为遵循了客观规律，所以赢得了员工的信任和忠诚，赢得了社会的尊重和客户的喜爱。

因此，尊重员工，平等相待，这在企业里应成为自然而然的事情。因为创新需要宽松的环境，需要发自内心的激情，就像企业做产品时一定会首先考虑目标客户群一样。

表现四：领导风格从“军队”管理到“家庭”管理

记得2011年去青岛的一家大型纺织企业做诊断的时候，曾经到厂区参观，看到厂房外墙上有这样的口号：今天工作不努力，明天努力找工作。我当时非常震惊，心里想，怎么可以这样吓唬员工。这样的企业今天不在少数。前几年研究华为的书很热，研究华为的狼性组织，任正非的很多讲话一度被我们企业界的精英们视为圭臬。但我想告诉你，今天我们的一线人员主要是80后、90后，这群人的成长环境和60后、70后已经大不同。

60后、70后真正的精神成长是在改革开放后，在这一时代才有条件去涉猎各种西方的、港台的人文读物。你发现整个20世纪80年代到90年代初，风靡大陆的是港台的武侠小说、言情小说。那时候有句话叫男的看金庸，女的看琼瑶。金庸和琼瑶小说里面的故事线索都有一个逻辑：首先所有的故事一定是正方获胜，整体是倡导正能量的，即便少林武当出了叛徒，也会被正能量的后起之秀清理门户。其次，这一点是最重要的，所有的男女主角都是经历百般挫折，最后获得了圆满结局。很多男主角女主角一出来，你就知道他怎么也不会死，因为他是正能量的代表，当然也会猜想一定会经历各种挫折。

这种故事折射到现实生活当中来，你会发现70后和80初的人做事都有一种韧性，不会碰到一点挫折就大呼小叫，就要跳楼，这跟他们从小受的这种社会文化熏陶有很大关系，乐观地去承受一切压力，因为他们有一个期待，经历一番挫折后，只要努力，最终还是会有一个好的结局。

但85后到90后就有很大的不同了。他们的父母是60后、70后，大多早年生活在物质贫困的时代，改革开放后凭借自身的能力改善了生活环境，他们不希望自己的孩子和自己一样，可谓集百般宠爱于一身。家庭和社会的成长环境让他们没有任何机会接触到挫折，需要的东西要立刻得到，对事情没有耐心等，构成了社会对他们的普遍印象。

那你想想，对70后、80初的人进行军事化管理，他们有期待，对当下能够忍受，所以为了未来，忍也就忍了，毕竟父母妻儿还有一大堆责任在那儿。那85后、90后，他们凭什么要忍受这些呢？

在饭桌上经常听到一些人这么讲：美国500家大公司的CEO很多都是西点军校毕业的，还有人说西点军校里挂着雷锋的画像。不知道哪个人做过调研，或在西点军校亲眼看见过？只要你对美国人的价值观有基本的了解，只要你对美国前500家大公司的CEO都是哪里毕业的做个调查，就不会这样以讹传讹。遗憾的是我们喜欢按照自己的想象去推理，编一些故事来安慰自己，给自己的做法找些理论依据。

在当下拜金主义流行、特权思想横行的特殊时代，老板们虽然很难法改变大环境，但是却可以营造小环境，让员工感受到温暖与关怀。你让员工快乐，员工让你舒服；你让员工增值，员工让你增效。老板和各级管理者要想方设法去激发员工的创新意识和潜能，引导员工不走别人走过的路，重奖那些给企业带来效益的创新。

追求物质生活享受是天经地义的，关键是君子爱财取之有道。如果大家都不追求物质享受，哪里来的内需及经济繁荣和成长？所以追求物质文明是一个社会发展的动力。要知道，像军人整天生活在军营里，基本不接触社会大环境，他们不用担心房价，不用考虑买车的事情，也看不到社会上的各种阴暗面，所以他们的思想相对是单纯的，生活相对是简单的。但是企业里的员工却不然，他们需要生活，他们要想在城市中站稳脚跟，就要买房、买车、旅游、消费，过上体面的生活，他们不得不担心孩子教育、医疗保障等问题，所以他们的追求和军人是截然不同的。如果企业想搞军事化管理，就要承担起所有的义务，让员工后顾无忧，分房子，给汽车，管教育，管医疗，等等。

企业应当培养员工的责任意识，让大家认识到：对自己负责，就是对他人负责；尊重自己，就是尊重他人。一个人必须说到做到，信守承诺，有时间观念，答应别人的事情必须办到。出了问题就要勇于承担责任，而不是找借口。中国人不喜欢认错，尤其是长辈不会跟晚辈认错，上级不会跟下级认错，老板不会跟员工认错，这是缺乏自信的表现。因为人非圣贤孰能无过，犯了错误就认错是自信的表现，不但不会让人看不起，反而会得到大家的尊重，而且这才是有责任意识的表现。另外，老板要尊重员工的个性，尊重不同人的差异，老板不能指望所有的人都像自己一样敬业、奋斗、执着，每个人有每个人的追求，只要价值观没有冲突，就要包容不同人的缺点。整齐划一不是包容的表现，一刀切更不足取。

老板应当在人性化管理和经营人心上做文章，想尽办法去激发员工的善心，让员工为了自己的尊严，为了自己的未来而自觉自愿地约束自己，发自内心地努力工作，这才是上策。千万不要跟员工较劲，即使老板与员工的想法不一致，也要试着去理解员工的想法，采用心理辅导当中的“先跟后带”模式，即先沿着员工的思路走，理解他们的想法，跟在他们后面一段时间，发现问题后及时告诫员工，通过引导的方式让员工感到上司是真的关心自己，为自己好，就像父母对待孩子一样，让员工明白如何做对自己最有利。我们说，引导的目的是内化（Internalize），激发员工的内在动力。

表现五：关注重点从看得见的成本到看不见的成本

面对日益激烈的竞争环境，每个企业家和高层管理者都非常关注降低成本，提高产品附加值，前者注重节流，后者注重开源。提高产品附加值取决于企业的价值主张，产品的创新能力，对市场的理解以及所拥有的人才，是一块硬骨头，很多企业不愿意去啃。而降低成本似乎是更可取的思路，也是马上见效的途径。可是简单地降低成本、砍掉成本却会带来致命的问题，因为有些成本是不能随便降低的，一旦降低会产生连锁的负面反应。那么，有没有可能在降低成本的同时不影响提高产品的附加值，做到“鱼与熊掌可以兼得”呢？

答案是肯定的，这就是管理的智慧。就我所知，过去30年大家往往把关注点放在了“看得见的成本”上面，忽视了“看不见的成本”，而后者才应当是企业关注的重点，因为看不见的成本远远大于看得见的成本，所造成的危害也远远大于看得见的成本。

众所周知，在财务报表中看得到的成本是显性成本，大家都会想方设法去降低这部分成本，但是对那些财务报表上看不到的成本却忽视了。这就像冰山一样，露在水面上的其实只是冰山一角，而在水下的部分可能更大。所以说，在大多数企业里，看不见的成本通常都是远远大于看得见的成本，而从管理的复杂度和解决问题的难度来看，管理看不见的成本挑战更大。所以企业家和经理人要想“拨开云雾见太阳”，就必须潜入水底，了解并掌握冰山形成的原因、结构等深层次问题，这样才能从根本上降低成本，而不是作表面文章，更不能因为降低成本而伤害到企业的正常运作。一味地降低成本往往会带来副作用，因为成本虽然下来了，但是企业的根基也被动摇了。就像吃药一样，有时候见效快的药往往副作用更大，治好了这种病，却导致另外一种病，所以与其把关注点放在看得见的成本上面，不如放在降低看不见的成本上面。

招聘成本

很多企业在招人时不够用心，需要用人的部门经理不愿意亲自介入，常常是委托人力资源部的人员负责把人招来即可。而参与面试的人员往往是凭感觉，并没有经过专业的训练，没有具体的流程和考评方法，也不了解某一个职位的特殊要求和职业素质。有些人力资源部的人员为了尽快完成任务，只要把数凑够了就行，没有人愿意花时间去详细介绍企业的文化、企业的用人标准和价值观念，结果员工稀里糊涂地就进来了，过不了多久发现不是那么回事，又大量地离职，甚至跑到竞争对手那里去。如果总是像这样不重视招聘工作，就会陷入恶性循环，企业需要不停地招人，但又不停地走人，就像“黑瞎子掰棒子”一样，大家疲于奔命。表面上看人力资源部忙得不可开交，每个月都完成了招聘任务，但是却在做“无用功”，许多制造型企业的员工月离职率超过了10%，企业始终处于不稳定状态，产品质量难以保障。遗憾的是员工离职所带来的成本没有人去计算，没有人去考评。

我们曾经给一家企业算过账，这家企业每年5月份起淡季到来，大家拿的工资少了就大量离职，旺季招人又开始大量补充。拿一个包装工的岗位来算，在旺季的时候这个包装工一个月能拿3000元，因为计件工资嘛，在淡季的时候他只能拿到1500元。这个时候包装工不干了，他想跳到能拿3000元钱的企业去干。这时企业就会想，如果你要拿3000元，我每个月要补贴你1500元，5—8月的淡季，4个月我就要补贴你6000元，这对企业来讲太亏了。

这里有个账他没算明白。等到旺季来的时候他再找包装工，从招聘到有人上岗，大约需要2周时间，将这个人培训上岗，大约又需要2周时间，也就说这一个月时间企业又可能因为没有足够的人包装而丢掉订单。同时，这个新手要成为熟练工，得需要两三个月的磨合，这两三个月两个新手可能拿了3000多元钱，顶上了前几个月离职的那个熟练工，企业不仅搭进去一段时间的培训成本，更关键的是旺季包装速度上不来，成本和风险远远超过那6000元钱。

低薪水员工的恶性循环

几年前为一家民营企业作咨询时遇到过这样一个问题：春节过后，将近20%的工人没有回来上班，尽管后来打出招聘广告，却没有足够的人员来应聘。从表面看，压低员工工资是在为企业着想，为企业省钱，可是实际结果却走向了反面。人员迟迟招不来，影响了生产，企业还需要投入成本去培训新员工，需要他们慢慢熟悉产品和流程，而且在这个过程中往往会出现不少次品，影响了产品质量和稳定性，结果是企业赔了大钱。

这个问题一直困扰着这家企业的老板。于是我问人力资源部门的经理，为什么总也招不到合格的工人，难道在这个地方就没有合格的人选吗？得到的答复是工人有很多，人家不愿意来。我问为什么不愿意来，他们回答，是因为工资福利太低。我问为什么工资福利太低，回答说因为公司利润低，付不起高薪。我问为什么利润低，回答是因为产品没有竞争力。我问为什么产品没有竞争力，回答是因为产品质量不够好。我问为什么产品质量不够好，说因为人员素质不够高，人员队伍不稳定。我问为什么人员素质不够高，人员不稳定，回答因为工资福利低。就这样绕了一圈又回来了，可以说这是当今中国很多企业都普遍存在的问题，就像狗咬尾巴一样，每天都在努力练，却总也做不到，问题依然存在。

那我们假设一下，如果别人用2000元工资招人，而你用4000元工资招人，结果会如何？回答是公司外面肯定会排起长队，需要100人，可能会来1000人应聘。我接着问，在这1000人里可否挑出最优秀的100人？回答是肯定可以。但是人力资源部门的人马上说，如果用4000元去招聘工人，公司就亏本了！这是绝大多数企业的第一反应，也是没有任何依据的条件反射，以为工资高了公司就赔钱。难道真的是这样吗？绝对不是！工资高可以吸引来最优秀的工人，而优秀的工人愿意承担更大的责任，有能力做出更好的产品，给企业创造的是更多的利润，工人得到的薪水是从其创造的业绩中获取的，没有业绩就没有高薪，企业并没有事先支付额外的成本。遗憾的是绝大多数企业都不明白这个简单的道理，都不愿意接受这样一个事实。如果你相信我的这句话，请认真思考一下，并让财务人员认真计算一下：如果一个人的薪水提高100%，但是却干了两个人的活，而且质量有保障，企业是亏是赚？

如此说来，这里存在两种不同的循环，一种是恶性循环，即招聘时用低薪（与当地同行相比旗鼓相当），只能招来那些找不到更好工作的普通人。这些人在社会上属于素质一般的人，能力自然有限，能给企业创造的价值就一般，有时甚至会制造次品，给企业带来负效益，而低效益的企业自然没有足够的利润去吸引优秀的人才，于是陷入恶性循环的漩涡，难以自拔。我们再来看看良性循环：即招聘时用高薪（与当地同行相比远远高于别人），这样就能吸引来最优秀的人才，这些人在社会上属于素质中等偏上的人，能力相对来说比较高，由于给了他们高薪，就可以提出更高的要求和标准，而这些人为了保住自己的工作（不愿意失去宝贵的机会）就很愿意改变自己，按照公司的要求去努力奋斗，结果导致高品质的结果，使企业获得更高的效益，企业有了效益就有钱接着去请更优秀的人才，从而进入良性循环。

员工不全力以赴的成本

员工是不是全身心地投入到工作中，结果是完全不同的。有些白领员工上班从不迟到，也不早退，但是就是不用心做事，处于应付公事的状态，既不犯错也不违规，这是很多企业都无法计算的巨额成本。你说他不干活吧，他每天都在工作，你说他干活吧，却没有全力以赴。如果企业里仅有极少数人这样做不可怕，可是其他人看在眼里，久而久之就会向这样的人看齐，自己也不好好干了，因为干好干坏一个样，不全力以赴照样可以混日子。这种情况不仅使企业的效率、质量大打折扣，还会直接影响员工的士气，进而影响企业的业绩，拉高企业的成本。

为什么好端端的员工会学坏？这是很多人百思不得其解的事情。其实，绝大多数员工进入一家企业后，都会抱着好好做的想法，希望做出一些成绩来。但是进入公司观察一段时间之后，他们会根据情况进行自我调整，他们要看这家企业是如何对待员工的，包括上进的员工、做出成绩的员工、不好好干的员工、没有业绩的员工。如果企业对待员工像家人，他们也把企业当做自己的第二个家；如果他们发现企业只是在利用他们，并不把他们当做自己人，他们就会采取“你不仁，我不义”的对策，进入混日子的状态。有能力、有良心的可能会选择离开，而没有能力，也没有良心的就选择“混”，结果自然是双输。

再往深层次挖就不难发现，我们必须回答一个最基本的问题：员工为谁而努力工作？员工为什么要努力工作？这是绕不过去的核心问题，但是很多管理者却没有认真思考过，更没有形成一个标准答案。其实在市场经济环境中，讲究的是利益的平等交换，每个员工都是为了自己的个人利益而努力奋斗。一个好企业就要把员工的个人利益与企业长远利益挂钩，让员工在为自己的利益而努力工作的同时，为企业做出贡献，实现双赢。这就是我反复强调的管理的真谛，好的企业无疑都是想通了这个道理。

记得很多年以前，有家民营企业的一名员工，因为对老板和上司不满，在离职前做了一件事：他是一个质检员，负责西装的质量检验，为了发泄不满，在一批西装的腋下都剪了一个口子。这批货经过几个月的时间从厂里到了经销商那里，又从经销商到了店铺，最后卖到用户那里，等到用户穿上的时候才发现腋下有一个口子，于是出现了大批退货，既给企业造成了巨大的损失，也对企业形象、企业信誉造成了伤害。等到企业得知这件事的时候，那个人已经离职几个月了，找不到了。

部门之间扯皮推诿的成本

过去几年，很多企业都想通过让员工去参加一些会议来改变经理人和员工的心态，从而提高执行力。因为有很多好的想法做着做着就走样了，可能没有办法按照计划完成任务，这时大家往往开始找借口，部门之间互相指责，推脱责任。这导致企业的业务受阻，耽误了宝贵的时间，结果无法兑现给客户的承诺，在企业内部也形成大量内耗。这个成本是难以用数字来精确衡量的，但却是一笔非常高的成本。为什么会出现这个问题？原因就在于分工不清，责任不明。

现代市场经济很讲究分工，因为一个人不可能什么都会做，必须通过与其他人配合，共同完成一项任务。但是如何把大家的思想统一，如何让大家有团队意识，不是光靠说服教育和思想工作就可以做到的，而是必须从利益驱动的角度来解决问题。

首先是设计动态的岗位责任书。明确一个岗位与相关职能的“握手关系”，即一个员工对哪些部门负责，需要定期输出什么结果，提供什么服务，交付什么材料，等等；同时又应该从哪些相关部门那里得到什么输入，得到什么服务，得到什么材料，等等。这样，整个公司的各个职能就可以用动态岗位责任书的方式串起来，形成一个完整的系统，理顺业务流程，让员工按照岗位标准要求，也就是“规定动作”去做自己的工作，尽量减少员工按照自己的喜好和意愿去随意发挥，避免形形色色的“自选动作”。

这10多年来，天策行帮很多企业设计过类似的动态岗位责任书，不过我们只做部门管理层。做完了部门管理层的岗位责任书，就等于教会了管理层如何做动态岗位责任书，由他们给自己的直接下属去做动态岗位责任书，由经理给每一个员工做动态岗位责任书。很多企业其实都有岗位责任书，不过拿过来一看才发现都是静态的，只谈了这个岗位应该做些什么工作，而且很笼统，无法考评，至于对其他部门有什么承诺，由谁来评估每一项工作往往都没有写清楚。从静态岗位责任书到动态岗位责任书是能否适应大互联时代的快速变化的关键所在，一旦企业实施了动态岗位责任书，就可以解决很多跨部门的合作问题，减少“掉链子”的情况发生。

当然，做这方面的工作是一个系统的工程，第一次做的时候，一定要请专业的咨询顾问协助设计，等学会了以后下一次就可以自己做了。不过有些企业图省事，听到一个好建议就自己摸索着去实施，结果往往要付出不小的代价。

外派销售人员低效成本

企业规模大到一定程度就会设立分公司、办事处，或者外派销售人员住在某一个城市。企业不愿意在当地招人，而喜欢在总部所在地招人，再把人派到全国各地。这种做法存在很多弊病，如何遥控管理这些外派人员，是令很多企业头疼的问题。这些人是否努力工作，是否按照要求拜访客户，是否按照公司规矩从事业务，是否廉洁奉公，都是难以监控、难以考评的。因为外派人员大多都是非常精明的销售人员，如果没有科学的管理体系和严密的监督约束机制，这些人很容易学坏，而员工一旦学坏，不仅对公司是损失，对员工的长远利益也是损失。

随着竞争越来越激烈，外派人员的花费越来越大，他们可以找出各种各样的理由来说服上级领导，这笔钱应该花、必须花，结果预算往往超标，效益却难以保证。要知道，外派人员的吃、住、行都要钱，而这些人每天都在做什么，企业却难以掌控。很多企业都是年初做了很好的计划，按照很高的销售目标去配置资源和费用，因为缺乏监控和应变机制，结果费用花出去了，业绩却没有达标，年底一算账，肯定是赔本的买卖。

那么，怎样改变这一现状呢？第一，老板要改变用人方式，尽量在当地招人，这样公司不用管员工的吃、住、行，节省一大笔开支，而且由于员工是当地人，资源会多一些，也不会轻易跳槽去其他城市，稳定性会高一些；第二，要有明确的岗位责任书和具体要求，每天见多少客户，向上级汇报什么情况，如何考评员工工作的过程和结果，形成一种威慑力；第三，运用销售漏斗来远距离监控，销售经理每周都要拿出专门的时间与每一位业务人员沟通，检查漏斗的进展，通过审核漏斗内的客户，知道员工本周做了哪些事，有什么进展，存在什么问题，并制订下一步的行动计划；第四，把计划、预算和业绩挂钩，没有计划的事情不能做，没有预算的钱不能花，没有达到业绩指标时费用指标会跟着下调，即实行动态管理，让员工学会做计划，做预算，而不是走到哪里算哪里，听天由命。

沟通成本

这是很多企业都会忽略的成本。因为一谈到“成本”这个词，好像只有支出的现金才叫成本，我们大家的时间好像就不叫成本。那你仔细算一下，一个总经理一个小时多少钱，一个总监一个小时多少钱，如果你把总经理和总监们召集在一起开会，一个小时的会议多少钱？这个成本算过吗？

我经常参加一些企业的绩效评估会议，把全国几十个总监召集来开会，议程都很明确，但会开着开着就纠缠到一些细节问题上了，而这些细节问题跟大多数人又没什么关系。一个总监一天按500元钱算的话，20个总监聚在一起开会，人工成本一天就是10000元钱。你是一天在花10000元钱让全国的总监们和你一起开会解决事情，如果你们磨合得好，一天解决了，10000元钱就解决了，如果磨合不好，就需要两天、三天。

这种低效沟通在我们的企业中普遍存在。会议时间是成本，一件事情交代了没做好返工是成本，如果一个总监一天能创造1万元的价值，如果他的时间被浪费在纠缠、解释、重复沟通当中，那么他一天可能就无法创造价值，这些成本一般会被我们的决策层甚至经营层忽略掉。

当然，什么样的认知就决定什么样的行为。我们的管理层如果意识不到这些是成本，最后体现的结果只能是绩效不如人意，这些成本就像无形的黑洞一样吞噬着企业的利润。当然，在前面我也谈过这个问题，企业在解决这些问题的时候一定要有系统的价值链设计，当然最好是让第三方咨询机构来做，因为第三方咨询机构对你的企业是陌生的，任何微小的细节，你的老员工认为理所当然的，在他们看来都会有所触动。

采购关联成本

采购在不同公司有不同的方式，但这是影响企业经营的重要成本。我们常常只会将此成本关注在采购的价格和数量上，而难以看到除此之外的其他因素。

曾经有一家企业，在做一个新项目时，项目组每天的运营成本为8万元，可是其在产品上市前夕，采购部门为了采购10万余元的包装，竟然耗费了一周时间，理由是要找价格低廉的供应商以节约采购成本。整个营销团队因此多等待一周时间无法和客户签约。

而这种现象其实在很多企业里均存在。一味的追求降低采购的直接成本而忽略了同时并存的“隐性成本”。当然，降低采购直接成本与本文并无冲突，在这里，我们要说的是企业的采购部门，要站在整体经营的角度综合权衡各项指标，才能真正控制采购的成本支出。

加班成本

很多老板总认为，员工在下班后“废寝忘食”的“加班”是一种敬业现象。殊不知，这可能隐含着很高的成本。理由有三：

第一，加班的原因并不一定是因为工作任务太重，而是员工的工作效率低下造成的，加班意味着低效率。

第二，加班耗费更多的员工精力和体力，严重透支员工的健康，长期下去，会让一些重要员工不能长期发挥其效能，并且有为公司带来负担的隐患，比如有的机械操作员工因为长时间加班而导致疲累，造成事故，而企业要为此付出沉重代价。

第三，加班员工并不一定“务正业”，有些员工名为加班，实则利用公司的资源，从事其个人事情，同时还领取公司的加班费，很多企业的重要损失、数据丢失等都发生在下班时间，而加班成为企业“藏污纳垢”的死角。

流程成本

企业的乱，有太多都是因为流程，这在企业管理中是一个通病，凡是发展缓慢的企业，其流程一定是混乱或不合理的。他们为此承担着很高的成本，然而一直却视而不见。流程，是企业运营的产业链，如同流水线一样，没有科学合理的流程，也就失去对各项工作系统性的控制，导致很多工作半途而废，还有很多工作需要返工。这会成为裹住企业前进双脚的乱麻。

企业文化成本

有人说企业文化如同一个企业的魂，会在其每一个成员的精神面貌中得以体现。这种文化在企业成立的初期阶段就开始形成，受企业创始人的文化、习惯、技能、职业、好恶等影响，因此有人说，企业文化就是老板文化。

说企业文化会成为成本，或许很多人不以为然，但事实如此。我们会发现一些企业的员工精神萎靡，做事效率极其低下，无论多么优秀的员工只要进入，不久要么离开，要么也变得萎靡。我们不能不说，这是“环境”问题。而这个“环境”正是这个企业的企业文化。有的企业败就败在企业文化上，有些项目因为终端促销人员、销售人员或项目经理的一些微小表现，就丢掉了一次机会；有些是因为长期的文化积淀，形成了企业特有的文化素养和气质，在竞争中胜出。

四、本位管理到项目管理

传统管理方法的弊端

这里谈的传统管理方法，主要指的是今天我们传统企业广泛应用的泰勒的管理体系。这种金字塔式的管理，一个总经理管几个副总，一个副总管几个总监，一个总监管几个经理，上面看不见基层，基层也看不见顶层。我总结了一下，这种方法有几大弊端：

首先，容易形成官僚作风，不利于建立一种鼓励创新的管理氛围。

当你所在的系统是你负责管理监督下面的人去干事，你的上司是负责管理和监督你干事的时候，这种系统的文化氛围就把你放在一个当官的位置上，放在发号施令的位置上，久而久之，这个系统就会把你变得十足的官腔。当然了，没有几个80后、90后喜欢天天耍官腔的领导。

其次，人浮于事，执行效率低下。

采取传统管理方法的很多民营企业，一线市场信息最后传到决策层耳朵里，一般需要两三周时间，决策层开会下达新的政策，又需要两三周时间。而且，由于执行链条太长，很多岗位会根据自身的利益去篡改传递的信息，导致信息失真。最后看着员工都在忙，都在加班，但最后企业的决策一般都会滞后，甚至被少数利益集团劫持。

最后，信息条块化，不利于部门协作。

每个部门都有自己的预算，有自己的投入产出考核。这样一个部门在牵头协调其他部门参与的时候，容易陷入部门之间难于协作，工作推不动的的境地。

项目管理，雷军做了什么

说到雷军的管理，他和他的副总们在不同场合做了不同侧面的解读。但其中有一句话很值得我们做管理的人去思考：产品如人品。我们招聘最优秀的人，他们对输出的作品有完美的渴望，这样他们的作品还会做不好吗？基于这样的人本管理理念，小米展开它的项目管理模式。

第一步：小米维持着一个用户参与度很高的论坛，论坛上的发烧友不断对小米的产品提出各种意见甚至批评，这对发现用户的真实需求至关重要。这些发烧友就是小米的CYE义务检测员、义务建议员、义务宣传员。

第二步：高层与用户互动。即使雷军事情很多，也整天挂在米聊上和用户互动。小米的几大创始人，也都很注重和用户之间的互动。其好处是小米的高层直接面对用户，了解用户需求，用户也觉得更有亲近感。

第三步：部门之间的沟通。小米的售后服务(呼叫中心)的员工已经多达400人，他们和小米的研发、产品工程师就在一起办公，而没有选择外包。因为售后部门经常接到一些很棘手的电话，里面有用户关于复杂的技术问题的投诉，所以售后部门需要及时和产品、研发沟通。

第四步：好的技术、营销和产品团队。小米的营销负责人黎万强是产品经理出身，同样的，小米的营销队伍大部分也来自产品、技术团队，他们对产品的理解要远远超过纯营销人员，尤其是在面对发烧友时，很容易找准对方需要什么，也更有共同语言，沟通无障碍。

第五步：善用微博营销。小米有20多个人专门负责微博营销，他们大都是对技术、产品精通的员工，会在微博上及时发现用户反映的小米的问题并与之沟通。因此小米用户会觉得自己有了和小米公司直接沟通的渠道。

第六步：让用户认识自己的产品。微博起到用户教育的作用。小米的微博上有着很多的教用户怎样玩手机的内容，提供实用内容的同时，也教育了用户，提升了忠诚度。

项目管理的三种方法

项目单元化管理

项目单元化管理是从项目管理的逐步深入中发展起来的，既是一种管理策略，又是一种全新的管理模式。核心价值在于单元化管理将公司各项目活动化繁为简，以单一项目对待，进而对其实行项目管理。

项目化管理强调的是所有相关职能部门的参与，而不是仅仅由市场部承担所有的营销工作。财务部、研发部、采购部、生产部、品管部、人力资源部等职能部门参与了部分甚至整个项目管理的过程，有形或无形中培育了“全员营销”的理念。

从立项到项目完成，是一个长期的过程。企业各个层面的成员，从高级经理到基层员工，在磨合中必将提高沟通能力，培养以协作为中心的“团队精神”。项目化管理打破了传统组织架构中的等级观念，鼓励相互尊重和创新的企业文化，使企业运营提升到一个新的高度。

精细过程化管理

精细过程化管理是社会资源日益匮乏，经营成本日益高攀，企业微利等社会环境的产物。精细化管理是一种理念，一种文化。

精细过程化管理有三个层次：第一个层次是规范化，第二个层次是精细化，第三个层次是个性化。

过程化管理是社会分工精细化、以及服务质量精细化对现代管理的必然要求。

精细管理的本质意义就在于它是一种对战略和目标分解细化和落实的过程，是让企业的战略规划能有效贯彻到每个环节并发挥作用的过程，同时也是提升企业整体执行能力的一个重要途径。一个企业在确立了建设“精细管理工程”这一带有方向性的思路后，重要的就是结合企业的现状，按照“精细”的思路，找准关键问题、薄弱环节，分阶段进行，每阶段性完成一个体系，便实施运转、完善一个体系，并牵动修改相关体系，只有这样才能最终整合全部体系，实现精细管理工程在企业发展中的功能、效果、作用。同时，我们也要清醒地认识到，在实施“精细管理工程”的过程中，最为重要的是要有规范性与创新性相结合的意识。“精细”的境界就是将管理的规范性与创新性最好地结合起来，从这个角度来讲，精细管理工程具有把企业引向成功的功能和可能。

参与互动式管理

参与互动式项目管理，是在决策过程中，让多层次、多部门的相关人员参与到决策过程中来，包括议题的设定、决策依据、具体分析和讨论，以及最终执行方案和资源分配等。

参与互动式管理的核心价值：在于激活项目决策、执行相关者之间的互动积极性、参与度；变“让我干”为“我想干”的行为态度；扭转本位行为态度，培养主人翁意识。

参与式项目管理的关键点：要将决策权力赋予那些在一线真正了解业务状况的管理者和员工。赋予权利不仅仅是让员工说话，而是要让有知情权的人参与到决策中间，让一线的智慧真正地放出光芒。

没有传统的企业，只有传统的思维。诸上四种思维的转变，旨在重塑企业灵魂，扭转传统企业过去固有的生产、管理、营销模式，迎赶国家经济改革转型升级浪潮，打造出能够迎合全新消费需求的战略产品，塑造出吻合全新社会主流社会价值的品牌。

第三章

成功品牌营销方法

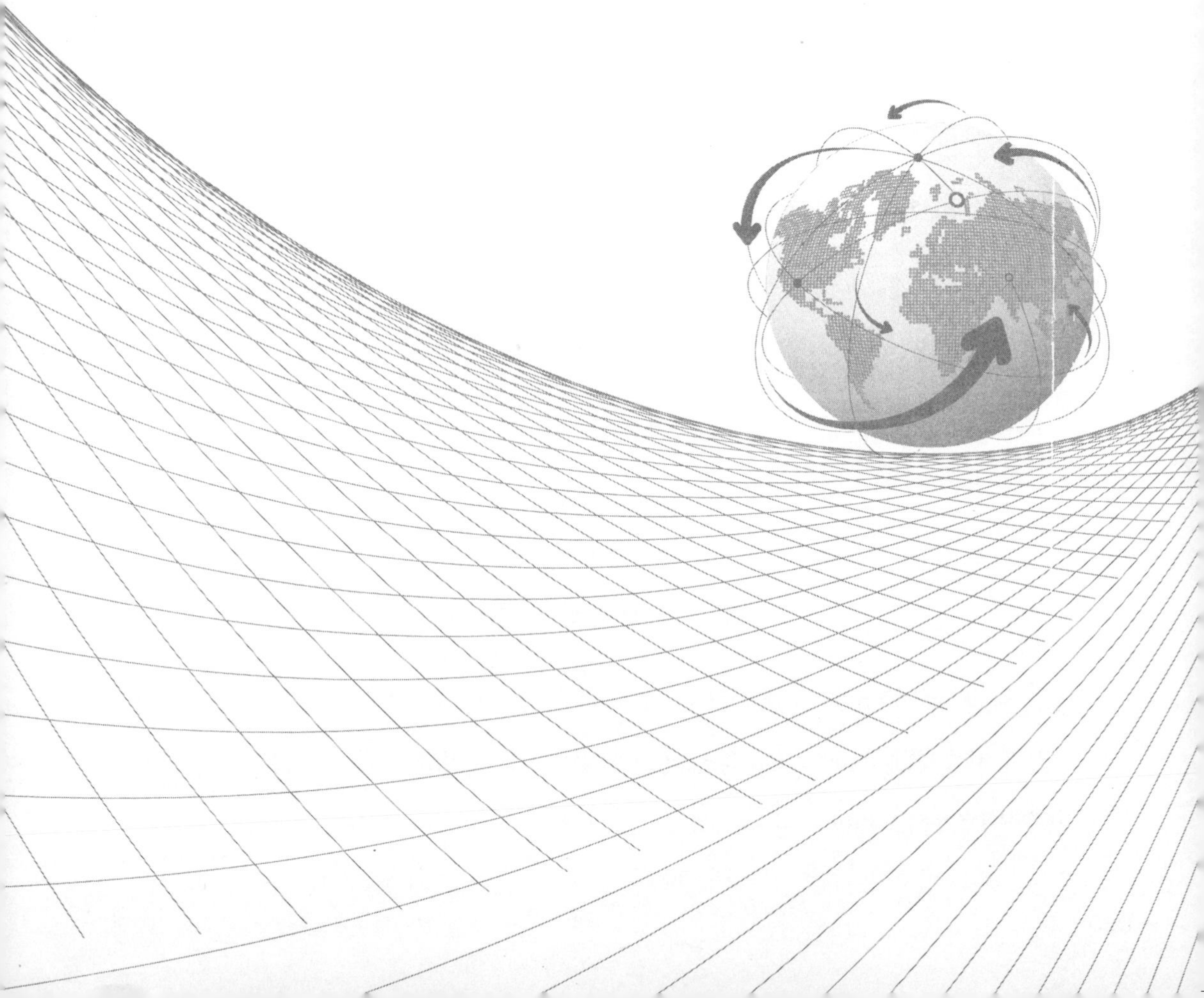

成功品牌营销，是一个系统工程。尤其在大互联时代，随着信息的对称，流通的去中间环节，体验要求的提升，对系统的运营模式、协作能力提出了更高的要求。天策行通过多年的运营实践，将大互联时代品牌营销形成一个运作模型。通过这个模型，可以帮助我们的企业家和职业经理人思考如何分阶段，分步骤去展开品牌营销工作，每个阶段的工作重点是什么（见图3-1）。

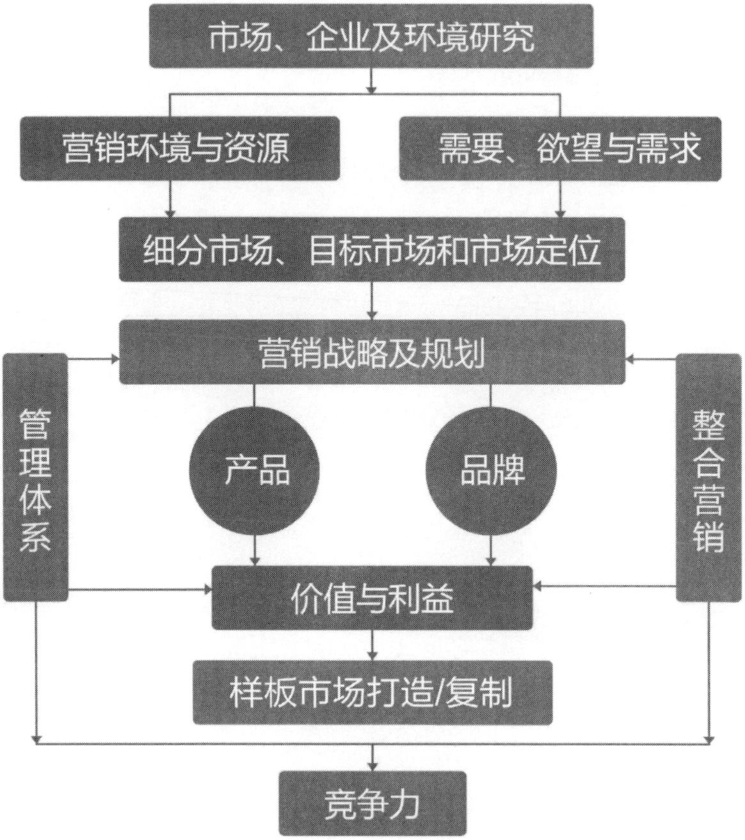

图3-1 品牌营销工作运作模型

从市场研究开始，我们针对如何做好企业及市场研究，如何正确地理解大互联时代的顶层设计、如何打造极致产品、如何塑造品牌、如何打造销售平台五个方面进行详细地剖析。

一、成功的调研是策划的开始

关于调研，社会上存在“调研无用”的言论。说乔布斯搞苹果的时候没有调研，雷军搞小米的时候没调研，这纯属无稽之谈！毛主席曾说，没有调查，就没有发言权！没错，企业做策划，也如此，没有参与调研，就没有发言权！每一次调研，都是策划的开始，知己知彼，方能百战不殆！

老板会说谎

成功的调研是策划的开始，对老板的成功诊断是成功调研的开始。

对企业而言，企业的转型首先在于企业家的转型，企业的大互联营销首先是老板对大互联营销有自己独到的认识，如果老板还停留在概念上，停留在追风上，停留在试一试的理念上，企业的转型升级将任重而道远。

不能相信老板对企业现状的诊断，老板说的都是梦想。

当前企业家普遍存在一个误区：向别人描述的企业状态，都仅仅是企业家自己的理想状态，对于企业很多症结性的问题，已经在潜意识里做了回避。如果调研人员把老板对企业的认识当成现状，那就酿成严重的恶果。

原因很简单，老板所处的圈子主要在上层，关心企业季度、年度最终利润达成率，关心企业与政府、供应商老板之间的关系建设，而对一线市场、消费者动态信息的了解甚少。再加上，传统企业管理模式层次繁多，上下级信息沟通效率低下，最终导致老板对企业自身的了解以及对当前市场、消费者基本情况的熟知有一定的滞后性。对企业当前整个概况的总结更多基于企业的三张报表说话，而对行业未来走势及企业真实情况掌控程度很低，如此也会导致企业在制定未来战略方针问题上会产生诸多与消费者、未来经济环境不吻合的问题。

对老板的诊断要结合部门总监、部门经理、合作伙伴的综合评判，给这个企业领导人的理念认知、对企业的判断做一个相对客观的评估，才能给企业对症下药。其重要性还是这句话：成功的调研是策划的开始，对老板的成功诊断是成功调研的开始（见图3-2）。

图3-2 企业内部生态系统诊断

政治经济环境研究，切忌爬上梯子搭错墙

2010年我碰到一个企业家，手里的矿产刚刚被国家买回去，攒着30多亿元的现金找投资出路。当时，光伏产业很火，我告诉他光伏产业正面临着很大的国际风险，单纯依赖出口无法保证市场。他说国家现在正在鼓励，我们为啥不投。结果第二年受到国际市场打压，光伏产业全线崩溃。

实际上这个产业在崩溃前已经露出端倪，光伏发电产业在国内的应用成本过高，市场无法扩大；而在国际市场主要依赖政府补贴出口，变成九成以上的市场都依靠出口了，市场受别人控制，这样的产业风险性可想而知。

2014年又碰到一个企业家，手里有块地准备开发。我说房地产都成这个样子了，你现在往里投不就砸在手里了吗？他说我们这个县级城市房价便宜，还有很大的成长空间，这一倒手几千万就到账了。结果没有像任志强预计的那样，房子就真的没人买了，资金压在地上抽不出来。

所以对政治经济环境的研究，不能只看表面，不能只听信一些专家和媒体的引导。我们的企业家和职业经理人要有自己的判断。毕竟从银行借的钱，最终都要还的。

我们研究政治经济环境，要研究它的整体发展脉络。美国过去这些年发展的脉络怎样、欧盟的发展脉络怎样、日本和韩国的发展脉络怎样、中国香港地区的发展脉络怎样，我国的发展脉络又怎样，只有把这些脉络理清了，才能透过现象看本质。

最糟糕的状态是，当你爬上梯子的顶端，结果发现搭错了墙（见图3-3）。

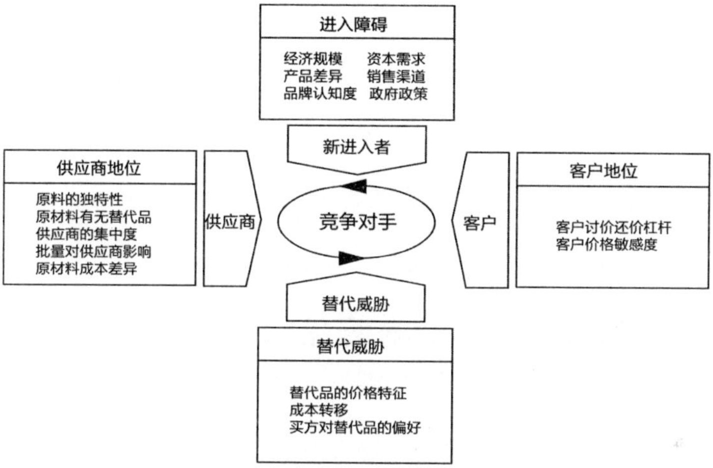

图3-3 政治经济环境整体发展脉络

理清理念、模式、架构的内在联系

我们对企业的内部诊断，其中一项重要的内容，就是对企业的管理理念、管理模式和管理架构的诊断。有什么样的理念，就会有什么样的模式，最后就会呈现出什么样的架构。

拿大多数的民营企业举例子。我们的民营企业诞生在工业时代，接受着完整或不完整的工业时代教育。因为企业要追求规模化，要追求成本效益，专业水平不一的人要在一起，完成标准化的操作，绝对控制的理念以及由此诞生的模式在这个时代确实有用，由此就在这种模式下诞生了金字塔管理架构。

今天80后、90后成了我们企业的骨干力量，这种理念还能延续吗？肯定延续不了。大互联时代让一切的权威都被扁平了，所有的沟通距离被缩短了，所有的创造力都被激发了。这种环境下，我们的企业更多是要去考虑如何创造一种更好的环境，去适应这种扁平沟通的环境，去激发创造力的环境，只有这样，你的企业竞争力才会得到延续。

当华尔街的一位投资商用几千万美元换取一家小企业25%的股份的时候，别人问他，你凭什么能相信这群年轻人呢？他说，我付出的是钱，而他们却付出的是生命，我有理由相信他们会比我想象的更努力。

大互联时代，需要用新的理念来适应新的环境，犹如华尔街的投资人，资本为智慧让渡股份，用吸纳智慧、开放的理念来构建新的管理模式，形成新的组织架构，这将是大互联时代企业在管理理念、模式和架构之间的典型特征。

没有共同价值观的企业没有执行力

我2014年参加一个项目的市场诊断，他们市场部的一个专员开车接我，路上我随意问了一句：你们的日化公司现在经营如何？他甩出一句：不知道，这跟我没半毛钱关系！

我当时恨不得给他一耳光，但是迅速意识到自己的情绪不对，这是他的错吗？

企业的使命他知道吗？企业的愿景他知道吗？企业有共同的价值观吗？

不知道，他当然不知道，企业总裁都不知道，何况一线人员。

这就是没有共同价值观的企业给出的回答。面对一家咨询机构，仅仅留下一个不良印象，企业该付的咨询费还得付。但如果我是他带着出去走市场的潜在客户呢？

我们的企业习惯于用销售指标来形成大家的指标，而忽略了企业使命、企业愿景和企业共同价值观的建设。事实上这是得不偿失的。任何组织，包括公益组织和盈利组织，都会因为有自己的使命而更富有凝聚力，因为有使命而让所有的员工有共同的建设愿景，也因为有愿景而使所有人拥有共同的价值观。在有共同价值观的企业，个人对于现实收入的关注会被削弱，大家会因为企业的某些倡议而对企业更加认同。

比如华润集团，作为一个世界500强企业当然应该承担更多的社会责任，这一点华润做到了。它的40万员工每年每人会主动捐出100元来反哺社会，过去这个钱是统一由企业交给红十字会的，后来受红十字会的一些事件影响，企业组建了一个团队来专门运作这笔费用，团队做了一个项目，在全国建立“希望小镇”，现在他们在全国已经建立了40多个，搞得有声有色，华润的员工也因为这一项目对华润充满自豪。

营销执行力是关键

2015年很多行业的营业数字都被腰斩，几乎哀声一片。但在哀声之中，有的是被齐头斩断，有的正被腰斩。区别为什么这么大呢？我总结其中核心原因是营销执行力问题。

业务不好做，我们的业务人员就赚不到钱，他们赚不到钱，同时企业又没有给他们明确的期望，他们就开始三心二意，拿几分钱，打几分工。举个例子说，去年300个业务员，大家怀着一点期待，可以创造10亿元的销售额。今年还是300个业务员，大家心神不定，有150个还在死心塌地，但已经有150个开始游离了，几乎少了一半的人干活，你的业绩是腰斩呢还是腰斩呢？结果不言而喻。

所以无论任何环境，企业决策层对营销执行力的诊断是要放在重中之重去把握。如果营销团队能拧成一股绳，再差的环境，企业也不会陷入困境。

企业营销执行力诊断分为两部分：一是意愿诊断，二是技能诊断。

如果营销执行力出在执行意愿上，背后的原因可能就是绩效体系设计不合理，或者企业长期积淀的执行力文化出了问题。当然，在诊断营销执行力的时候，从高层到一线人员，没有一个人会出面承认有执行的主管意愿问题，这就需要从某些执行事件中去挖掘营销部门和相关方的协调意愿的情况，在营销部门和关联部门的协调中，如果营销部门是主动、积极的，其执行意愿就是正向的；如果营销部门是被动的，推诿责任的，其执行意愿就是负向的。

执行技能的诊断容易得出结果，通过模拟情景，营销标准执行步骤的询问，即可得知营销部门的技能水平如何。

总的来讲，执行技能问题是容易解决的问题，通过培训，样板市场打造，市场人员跟一遍就可以提升。执行意愿问题相对比较复杂。可能是企业长期的氛围积重难返，也可能是绩效设计的问题，需要结合部门内外诊断的问题来综合评判。

研发可以犯错误

我们好多企业家比较喜欢买设备、建工厂，我认为这是一个投资误区。

有两个因素让企业容易进入这个误区：

一是受政府影响。过去政府被企业忽悠怕了，说到一个地方投资，注册了个公司空壳，什么都没投，圈地放在那，政府算的账是企业你只要买设备了，就要想办法生产，想办法卖出去，只要有产品卖了，地方的财税收入不就上来了吗？地方的GDP不就有贡献人了吗？

二是设备是实体，实体的东西再贬值也能卖出价钱，不会把钱花出去了什么都看不到。

之所以说这是个误区，是我们的企业家喜欢凭想象建工厂，没有科研报告，不做任何的市场研究，凭着感觉走，等贷了几个亿，把厂子建完了，搞得富丽堂皇，领导视察，开业剪彩，什么都做完了，一个问题才想起来：我们的产品怎么卖啊？

5年前安徽亳州有一家大型的粮油企业找我们去做策划，一看那企业规模，清一色的进口设备，总投资3亿元，专家楼、深加工线、研发中心一应俱全。我们问的第一个问题是，建这个工厂前有科研报告吗？回答是没有。这个企业我们没敢接，很难想象没科研，甚至都不知道做什么产品的企业，就如此大手笔地投入了。

“从企业投资结构来讲，在生产上投入10万元可能算多余，但在研发上投入100万元也不算多。”前些日子在云南调研的时候，云南农大的一位院长的话引起了我强烈的共鸣。我们今天在说打造完美体验、极致产品，这种消费需求在20年后还不会过时。但是，很多人都不会意识到，完美体验，极致产品的背后，是多少研发投入换来的结果。

研发是一种探索性工作，探索有可能成功，也有很大的可能是不成功。我们的企业正是因为其投入的不可控性，忽略了研发部门的存在。但我想说的是，今天你们看到所有风靡市场的产品，无一不是在强大的研发支撑下完成的，宗庆后的营养快线、雷军的小米概莫能外。

当然，随着大互联时代的到来，研发的投入遵循摩尔定律，打破围墙的研发团队组建，使研发成本迅速降低，使企业有了免费使用互联网研发成果的可能。但不管如何，企业只有重视探索性的研发工作，不怕失败，研发一批，储备一批，推广一批，才有可能在未来获取持久的竞争力。

成也标杆，败也标杆

标杆分析，这是在大互联时代最应当谨慎运用的一种分析方法。过去在做传统渠道的时候，我们喜欢做标杆的对标分析，把所认为的主要竞争对手的各项投入资源列出来，把自己的各项投入资源也列出来，看看哪些我们投入多了，哪些投入少了，下一步我们该如何来压制竞争对手。

在过去我认为这种方法是有效的，各500强企业的职业经理人也擅长于用这种分析来向上司争取资源。但随着大互联时代的到来，完全依赖这种对标去做决策参考就失去了意义。

首先，我们关注的方向错了。任何企业需要改善的主要反馈方向，是消费者对我们的产品和服务的意见，这会为我们的产品和服务趋于极致带来灵感。至于竞争对手，即便我们和竞争对手做得一模一样，无非就是竞争对手第二。更何况，在大互联时代，以任何目标来树立标杆都有可能是错的，每个企业有自己不同的资源，针对的是交叉的社群，跟着标杆走，就完全可能迷失我们自己的方向。

当然，标杆会有参考价值，对方的资源投入的策略分析，会给我们提供思路和方法，我们可以站在第三方的角度，来剖析这种方法的得失，跳出局外来看局，我们成功的可能性就大得多。

所以，天策行的观点是：标杆可以分析，可以用标杆来找灵感，但我们的主要改进指标还是来源于对客户的洞察，引入消费者来创造价值，和消费者产生碰撞和融合，打造我们自己的极致产品和完美体验。

数据分析更可靠

这些年让我很头疼的问题，是每次在和企业的销售人员沟通诊断，询问区域市场的时候，总是得到一些似是而非的回答：这个区域容量多大？这个区域多少人口？这个区域三餐吃什么？主要竞争对手销量多少？哪个单品销得好？

得到的大多数回答是："差不多""可能""也许""听说"……

在企业里面形成这种习惯很害人，会让任何一次决策都变得没有依据。差不多是差多少？可能有还是可能没有？也许是还是也许不？听说还是有依据？

在一个托管项目开第一次绩效考评会的时候，我问我们的一位销售总监，你那个部门上个月销售多少？差不多50万元吧；都销了哪些区域？配了哪些产品？多少货款没收回来？当继续往下问的时候，这个差不多就站不住脚了。

总监层因为有不同的成长环境，就会形成不同的工作习惯，所以不同岗位拿出数据，拿数据说话，这是大家都不会误解的语言。

带着假设找问题

我经常给总监们、经理们讲一个问题，不管我们接盘一个项目，还是开拓一个市场，我们研究的预设不是研究它不行，研究它不行这种思考很简单，我们放弃就可以了，根本不需要思考。我们需要预设的是它行，是要把这个市场做起来，把市场做起来要用什么办法，也就是我们常说的以终为始的“倒推法”。先假设这个市场能做起来，需要用哪些办法来做，需要配置什么资源，需要多高的费销比才能完成目标，在这个倒推的逻辑走通后，再看有哪些因素可能影响我们目标的达成，带着假设来找问题，才会找到问题的根源。

中国有句俗话叫“百无一用是书生”，就是讲这个书生只会引经据典，具体干事情没效率。如果我们正向去推理，去研究一个项目有没有可能达成目标，完全有很多种可能影响我们无法实现目标，太多的因素干扰，我们有些研究会忘记原本的动机，我们的很多决策如果是从浩如烟海的数据中去正向推导，可能会出现N个结果。

很多企业领导人，甚至包括今天在美国的硅谷里看到发展如此迅猛的创业公司，他们的很多项目其实是来源于一次偶然的发现，这种偶然碰触到了广泛的碎片需求，形成了一个新的商业平台。

与一个人的一次谈话，看到一本书，听过一次讲座等思想的碰撞，都可能产生创意的火花，这些火花就是商业创意的假设，而我们的市场调研，就是通过一种科学的方式去挖掘、印证这些假设，让它变得更加现实，更加完美。

策划在现场

做市场观察研究，如果你没预算充足的事件，仅仅在全国走马观花，你还不如在一家超市呆一天，这个效果比你去全国的超市晃一圈要好。你呆在一个店里，跟促销员详细沟通，每天卖多少，哪个卖得好，最近有什么投诉等，问完后再观察两小时。

比如你在超市里观察挂面消费，有些人会过来直接寻找目标，或者找促销员询问哪些在作促销；更多的顾客是推着购物车，边走边看。拿起一把挂面看看，放回去了，再拿起一把挂面看看，又放回去了。这个时候你就要像消费者一样，靠近他身边，仔细看看他在关注哪些信息，当他推车准备走的时候，你可以根据他拿起的产品咨询他，哪个面条好啊，他会根据自己的认知，告诉你这个面条不错，不混汤，吃起来比较筋道等。

2005年在帮助中粮集团旗下香雪挂面做产品策划的时候，我们在超市调研发现了一个比较有意思的现象。挂面的面条长度一般会切成18厘米、20厘米、24厘米、28厘米等几种不同的规格，而年轻的消费群偏向于买短的，年纪大的人则偏向于买长的，当时不太理解。年轻同事们自己把不同长度的挂面买回家体验，没有太大的不同。其中一位对长的挂面稍微有点不满，就是每次下锅的时候面条的长度比锅的直径大很多，一下水就在锅边上支起来，短的面条一放进锅里就全入水了。后来我们再去蹲点观察，询问买挂面的年轻人，有的说挂面短的好看，有的说挂面短的容易熟，有的说容易下锅。总的来看，是短的挂面比较适应年轻人的小锅小灶。在调研现场反复询问后，我们逐步对挂面的条型、厚度、长度、产品规格都形成了明确的概念，中粮的香雪尚品挂面在反复的研究后上市了，这款产品在超市没有做太多的推广活动，到今天，上市已经快10年了，这款产品依然是中粮挂面产品里的一款拳头产品。

二、如何展开顶层设计

变化太快，一切顶层设计都是没用的

2014年，“顶层设计”一词甚是火热，上至中央，下至平民百姓都在围绕其议论。同时，也存在一些“顶层设计”无用论的观点，甚嚣尘上。说技术更新太快，消费变化太快，执行是第一位的，顶层设计可能刚设计出来，就过时了；列举微信的例子，说微信知道自己短短1年就能发展这么快速吗？企业在以前的设计中就知道要做微营销吗?

看到这些观点有些哭笑不得，这个并非顶层设计嘛。一个具体的操作动作就可以概括顶层设计是否要做的话，那所有事情都叫顶层设计了。对此，可以从顶层设计的概念中找到对“顶层设计有无用”之议论的回答。

顶层设计，对企业而言，是指企业跳出企业，站在行业位置、国家位置，自上而下思考企业、行业未来的发展方向及问题，并制定可行的发展目标；全角度思考、布局制定系统的、可行的、高效的计划，以期实现战略目标。

今天，在习总书记举全国之力制定出“中国梦”国家大战略背景下，国家各个领域纷纷制定落实能够迎合世界经济，适合我国自身发展的顶层设计。同样，我们的企业也亟需在“中国梦”国家战略红利之下，制定出能够迎赶大互联商业红利的顶层设计，让企业实现新的飞跃，迎赶全新商业格局的浪潮。

所以顶层设计不仅有用，而且有大用，且企业和政府在制定发展方略过程中必用，只有利用系统思考方法，帮助企业制定切合实际的顶层设计，企业才

有可能在大互联竞争中脱颖而出。

企业顶层设计，主要通过战略重塑、管理重塑、文化重塑三部分实现从顶层到系统的提升。

顶层设计的三大模块

战略重塑第一个重点：战略不是口号

什么是战略重塑？是不是我们确定未来3年企业实现50亿元的经营目标？是不是每年必须实现50%的增长率？远远不是。在这里谈谈战略重塑的几个关键点。

战略重塑首要工作是找到企业新的业绩增长点。

一个企业要想基业常青，就要跟上时代的步伐，洞察消费者需求的变化趋势，不断发现新的商机，找到新的业务增长点，这样才能保持业务的持续增长。

这一点对中国企业来说是机遇也是挑战，因为中国市场正处于高速增长、不断变化的阶段，内需市场不断扩大，消费层次不断提高，不像发达国家那样已经进入稳定状态。所以，不管是产品创新，还是商业模式创新，都处在一个日新月异的上升轨道，再好的产品或商业模式，过不了几年就会过时，其生命周期越来越短。为了应对这种动态市场的变化，在市场竞争中处于优势地位，就要把握好商机，通过战略转型找准企业的下一个业绩增长点，确定未来几年公司的核心业务往哪个方向转移，这样才能立于不败之地。

当然，要做到这一点，首先要有组织上的保障，即有专人或部门负责这项长期的、前瞻性的工作。一般说来，销售部负责当年的业务，而市场部负责未来几年的业务。换句话说，销售部管的是企业今天是否有饭吃，市场部管的是企业明天是否有饭吃，要两条腿走路。

不过今天的中国企业大多数都在努力地蹦，而不是从容地走，因为很多企业里根本没有设置市场部。有些企业虽然设置了市场部，却没有做真正意义上的市场开发工作，更多的是做点市场宣传、市场策划、促销活动、广告宣传等工作，在企业里大多是配角。这就是很多中国企业“勤劳而不富有”的根本原因。大家虽然非常努力，但是由于组织设计不合理，方法不得当，所以收效甚微。西方企业不管规模大小，都是“两条腿走路”，销售部和市场部各负其责，所以他们做得不累，可以“工作生活两不误”，可以获得较高的利润，企业对未来有掌控能力。

那么市场部如何去发现新的商机呢？说到这里有必要谈一下市场部的五大职能：

第一，市场开发职能，负责发现未来的商机；

第二，平台规划职能，负责对平台的运行机制和资源配置进行合理规划；

第三，产品定义职能，负责找到产品必定畅销的理由；

第四，市场宣传职能，负责用省钱省力的办法与客户有效地沟通；

第五，渠道支持职能，负责给销售人员提供枪炮弹药，提高销售队伍的战斗力。

这里想重点谈谈平台规划职能。市场部人员走访市场的时候有一种劣根性，就是容易聚焦到竞争对手做了什么，而忽略消费者的意见是什么。所有动作容易被竞争对手牵着鼻子走。竞争对手在一个地方开了一个经销商订货会，我们市场部人员最先想到的是我们也要搞一个；康师傅卖五连包方便面想着赠送一个盆，我们的市场人员首先想到的是我们也赠一个。这就容易理解为什么会犯这个错误，我们的文化习惯是别人怎么做，我们就怎么做，但却容易忽略一个前提，别人有别人的资源，我们有我们的资源。

做平台规划，我们的经验是“以终为始”，以目标为起点。综合我们自身、行业、供应商、竞争对手、政府各方的情况，要确立我们的目标。站在这个目标的位置，反观我们缺什么，从目标点反过头来研究我们的资源如何重新组合。

战略重塑第二个重点：创新商业模式

“商业模式”是最近这些年挂在很多企业家和经理人嘴边的流行术语，但是到底什么是商业模式，却有很多不同的答案。有些是从理论上进行解释和说明，有些则是从某一个角度去解读，看后总有一种隔靴搔痒的感觉。在此有必要先把商业模式的定义探讨清楚。

首先，它是一套商业逻辑，即按照什么样的逻辑思维为客户创造价值。其次，它是基于“利他”的思维而开展商业活动的，即要么帮助客户提高幸福指数，要么帮助客户降低痛苦指数。所以我们说有“利他”思想的老板才能称为真正意义上的企业家，而那种以赚钱为目的，以基于“利己”的指导思想做生意的老板只能称为商人。再次，它是一套系统性的方法论，属于科学的体系，一旦在某一个点上取得成功，即可以在更大的范围内进行批量复制。这就需要系统性思考，以终为始，根据最终目标来配置各种资源，缺什么就补什么，最终搭建起一个以市场为导向的组织。商业模式不是一个短期的计划，也不是好点子，更不是那种头痛医头，脚痛医脚的运作模式。

商业模式的创新决定了企业的成败，尤其是那些有追求、想干大事的老板，必须在商业模式上做足文章，否则只会事倍功半。但是，商业模式创新的起点是“不走寻常路”，一定不能走抄袭、模仿的老路，必须在某一个方面或者某几个方面有创新，远远地超越现有的竞争对手，否则根本谈不上什么商业模式。如果非要把抄袭、模仿算做一种商业模式的话，那只能称为是“山寨模式”，永远跟在别人后面拣点剩饭吃。

如何理解真正意义上的商业模式呢？我把商业模式设计的六个要素给大家

介绍一下，只要按照这六个要素去做，就能设计出一套具有市场竞争力的商业模式。

要素之一：明确市场走向的模型

这个模型的最左侧是企业，最右侧是最终消费者，企业经过哪些环节把产品或服务交付给最终客户，这中间可能涉及中间商、合作伙伴等，用一张图描述出来，也有人把这张图称为渠道模型。当然，很多企业都不是单一渠道，而是多渠道并存，以便覆盖不同的最终用户群体，这就要求企业在商业模式的设计过程中把不同渠道是如何分工，如何运作，如何避免冲突等问题想清楚。时下流行的名词B2B（商家对商家）、B2C（商家对顾客）、电子商务、服务外包等等都属于商业模式的范畴，但是却属于顶层的商业模式，对于一家企业来讲，真正意义上的商业模式设计是指在某一个特定的顶层商业模式之下，比如在B2B的模式下本企业如何通过商业模式设计比竞争对手做得更好。

要素之二：明确企业的赢利模式

弄清楚企业赚的是哪一份钱？凭什么能赚到这个钱？在哪些产品上可以不赚钱，甚至赔钱？通过这种搭配组合挤压对手，通过牺牲局部利益来换取整体利益。另外，企业一定要清楚自己依靠什么赚钱，在哪一个方面遥遥领先？比如服务体验、产品设计、物流配送等。换句话说，企业卖的是什么？这个问题一定要想清楚。明确了依靠什么赚钱，就要持之以恒地加大在某一个或某几个方面的投入，逐渐强化企业的特色，直到客户能清晰地感知到，竞争对手能清楚地感知到。

要素之三：明确企业的价值链和生态系统

即把企业的所有利益相关者之间是什么关系，各自扮演什么角色，各自的价值如何体现描述清楚，把所有的上下游关系和所有的合作伙伴关系用一张图画出来，把各利益相关者在整个价值链上所创造的价值计算出来，把大家的工作关系理顺。要知道，当今世界，靠自己的力量打天下已经不行了，甚至可以说过时了，必须整合更多的社会资源共同做一件大事，这样才能提高企业的成功率，提高企业的安全系数。越多企业参与进来，企业的安全系数就越高，一旦搭建起一个完整的生物链，就相当于有了一个屏障，可以阻止竞争对手发起进攻。不夸张地说，未来的竞争，将是生物链的竞争，谁拥有了健康的生物链，谁就拥有了未来。这对于不喜欢合作，不擅长兼并，而喜欢单打独斗的中国企业来说，无疑是一个挑战。

要素之四：明确企业的价值主张

即给客户带来了什么与众不同的独到的价值创新，换句话说，站在客户立场上来看比现有的解决方案有什么优势和实实在在的意义？比如，可以是更便宜、更便捷、更安全、更有效、更稳定、更结实、更时尚等，而在这些“更”的背后是企业的核心能力，因为要想实现这些价值创新，企业就要在资源配备上下工夫，需要很多年坚持不懈的努力，继而成为企业的创新基因。企业有了某种核心能力才可能建立竞争优势，才能与竞争对手拉开距离，才能让目标客户感受到本企业的价值所在。

要素之五：明确企业的组织架构

有了清晰的商业模式，就可以把企业的组织架构图清晰地画出来，这与大多数人所熟悉的那种自上而下的组织结构图完全不同。不是明确上下级关系和隶属关系，而是明确互相之间的合作关系和服务机制，图的最上面是客户。通过这个组织架构图可以帮助企业在内部形成“握手关系”，让每一个部门经理、每一位员工都明白自己在公司内部的角色定位，即谁是自己的“内部客户”，谁是自己的“内部供应商”，自己的业绩和表现由谁来参与评价，从而设计出跨部门的工作流程，成为标准化的规定动作。把监督约束机制固化下来，形成企业的内部管控体系，为信息化系统建设，为360度考评奠定基础。

要素之六：明确企业经营管理的“道”

它是一种经营管理的哲学（Business philosophy)，而不是“术”，虽然它必然涉及操作层面的事情，但是它依然是战略层面上的思考，是把一件事情想透彻，想清楚再做。这项工作需要企业家和高管层的高度重视，并不是几个人脑力激荡一下就能出来的点子，而是一套完整的方法论，需要丰富的实战经验、行业知识和非常高的专业技能。如果企业内部没有合适的人带领着大家一起去做商业模式设计，最好借助外部力量去完成它，这样可以达到事半功倍的效果。千万不要再沿着“摸着石头过河”的老路去摸索，否则会继续走弯路，浪费时间，错过机会，到头来还需要不断纠偏，不断付出巨额的成本和代价。

总之，商业模式设计就是“基于未来看现在”“基于对手看自己”“基于客户看产品”“基于价值看创新”，是为了建立企业的竞争优势而必须完成的一项艰巨的工作。唯有把商业模式设计好了，对外才能找准市场的切入点，给客户带来独到的价值，给客户一个选择本企业、本品牌的理由；对内则可以把企业内部的各种资源整合好，同心同德，统一思想，统一步调。不过，任何商业模式都是有生命周期的，所以企业要想跟上时代的步伐就要每隔几年对过去的商业模式进行修订，要勇于否定自己过去的成功，千万不能躺在成功上睡大觉，结果不知不觉中自己的奶酪就不见了，最终被淘汰出局。

战略重塑第三个重点：要有符合时代的品牌定位和价值诉求

在大众化消费时代，企业追求的往往是知名度，只要有了知名度就能取得成功，因为不同企业的产品都差不多，用户看谁知名度高就买谁的。而在大互联时代，企业应该追求的却是忠诚度，忠诚的粉丝，企业只要能把某个特定的消费群体牢牢地吸引住，让他们有归属感，才可能取得成功。所以战略重塑的关键是让品牌有一个有别于竞争对手的独特定位，让自己的品牌具有鲜明的个性和特征。这样才能从众多同类产品中脱颖而出，给消费者一个选择的理由。

什么叫品牌？一个家喻户晓的“商标”或企业名称是品牌吗？为什么中国企业的国际化如此艰难？为什么在国内品牌价值号称几百亿的知名品牌却无法走向国际市场，尤其是消费品市场？从微观的层面上讲，中国式的品牌建设与国际惯例有很大差别，中国企业侧重于“舞台表演”，跨国公司侧重于“地下工作”，前者侧重于知名度宣传，后者侧重于品牌的内涵建设；从宏观上讲，品牌建设是企业战略的延伸，是为企业战略服务的，如果一个企业连真正意义上的战略都没有，连清晰的品牌定位都没有，品牌建设就无从谈起。可以说，一个没有内涵的品牌是没有生命力、经不起打击的。

品牌的价值体现在哪里？品牌建设的目标是什么？一句话，那就是要成为目标客户的首选，即当消费者想买某一类产品时首先想到的就是某个品牌。要做到这一点就要想办法把品牌的“差异化定位”植入消费者的长期记忆中，他们一旦有需求，马上就能想到某某品牌能够满足他们的这一需求。唯有这样，企业才能够成为垄断竞争者当中的一员，才能有立足之地，才能靠品牌赚钱。否则企业的广告一停，销量就会下滑，成为只有知名度、没有忠诚度的空壳化品牌。

如何重塑品牌

一是如果过去的品牌定位不明确或者存在问题，价值诉求无法打动客户，就需要优化或提升；二是顺应竞争环境的演变，市场上可能出现了很多新的竞争对手，包括跨国公司，也包括山寨产品和众多的游击队等，企业在竞争中模糊了定位，必须重塑定位；三是顺应企业主流消费群发生的演变，过去侧重的是价格敏感的温饱型和小康初级阶段的消费者，而现在和未来则是高级阶段和中产阶层的消费者，需要因时而变；四是过去没有注重品牌的视觉建设，品牌的个性化标识不明确，因为品牌的标识是向客户传递一种信号，给客户留下第一印象，它的背后意味着品味、品质和风格，也承载着企业的发展理念，必须让客户看到标识就产生我们所期望的那种联想；五是提炼品牌的价值诉求，需要用精练的语言与客户进行沟通，形成品牌的统一说辞，提高沟通的效率和效果。

下面我们就来具体分析一下这五方面的工作。

品牌定位的调整

好的品牌必须具有鲜明的个性，通过提炼品牌的价值诉求与客户进行理性的沟通，通过体验式营销进行感性的沟通，千万不要假定消费者无知而去愚弄他们。在这方面，国内企业与跨国公司在品牌宣传理念上有着本质的差别——国内企业一般采用USP，即独特销售主张；而跨国公司普遍采用FAB，即客户价值分析体系。表面上看两者没有什么太大的分别，但却是站在不同的立场上看问题。前者是站在本企业的立场上看如何把产品卖出去，是去找卖点，并用这种卖点或者主张去引导消费；而跨国公司则是站在用户的立场上看其产品给用户带来了什么与众不同的价值，独到之处在哪里，是去找消费者痛点，并通过理性的分析告诉消费者形成这种价值诉求的依据和基础是什么。

某某品牌等于什么？这是大多数国内知名品牌到现在都还没有回答的一个非常简单、非常重要的问题，而在跨国公司看来，这是市场营销的“规定动作”，是每年都必须做的基础工作。国内企业则普遍忽视这个问题，深层次的原因是大家还没有意识到品牌定位的重要性，单纯靠价格战和广告战去求生存、求发展。而正因为大多数品牌都没有定位，无法打动目标客户，所以只能不停地去“吆喝”。结果是钱比跨国公司花得多，效果却比跨国公司差很多，费力不讨好。

顺应竞争环境的演变

可以说，众多世界顶级和一线品牌在中国市场的迅速腾飞从某一个侧面证明了品牌的重要性。越来越多的中产阶层人士，纷纷瞄准了世界顶级品牌，尽管他们的实际生活水平还没有达到消费那些顶级品牌的层次，但是为了面子等原因不得不消费这些产品。只要看看LV、爱马仕等国际一线品牌在中国市场的销售业绩增长就不难得出这样的结论。一年几千亿美元的海外旅游购物消费就这样送给了国际一线品牌。要知道，中产阶层在“衣食住行”得到满足之后，精神上的满足开始占据主导位置，他们喜欢旅游，喜欢购物，喜欢享乐，这样可以让他们暂时释放生活中和工作上面临的巨大压力，在其他方面去寻找属于自己的尊严，在物质上充分满足自己，以平衡被现代环境逐渐扭曲的心灵。

主流消费群体的演变

过去20年中国企业普遍是跟在别人后面走，通过借鉴、模仿、低价来赢得竞争。这种做法在大众化时代没有什么问题，因为对于温饱型消费者来说，毕竟价格是第一位的，秀水街的繁荣，假货的畅销，山寨版的流行都是那个时代的特征。但是，时至今日还有多少人去买假名牌？那种掩耳盗铃的做法甚至都过不了自己那一关，他们不会再光顾假货市场， 不会拿着（穿着、用着）假名牌招摇过市，因为天知地知自己知，一个人可以欺骗别人，可是却无法欺骗自己。所以面对越来越多的中产阶层消费者，企业不能再用过去的价格战去赢得竞争，必须从价格导向转为价值导向，这是战略转型的一个关键点，除非企业的定位永远停留在温饱型消费者这个层面，毕竟在未来30年，中国依然会存在一个庞大的温饱型消费群体。

品牌的个性化标识

品牌标识不仅仅是一个Logo那么简单，它代表着一个企业的自信。名不正则言不顺，一个品牌的标识必须彰显品牌的个性和追求。当一个企业没有自信的时候，其标识往往会“傍大款”，与某一个国际知名品牌如出一辙，只是在图案上、文字上或者色彩上做个微调。比如许多体育运动品牌都在或多或少地模仿耐克，怎么看都与耐克的图案有相似之处，这是一种不自觉的下意识行为。所以在品牌重塑的过程中必须清醒地认识到这一点，并舍得花钱请有水平的设计公司去设计新的Logo， 毕竟品牌标识不是经常换来换去的，要争取一劳永逸，一步到位。

提炼品牌的价值诉求

一说到提炼品牌的价值诉求，我们企业的普遍想法就是编概念。不少民营企业家当初一拍脑袋定下了一个产品，开工都生产出批量了，往下跟经销商或一些客户谈判的时候，越谈越没底，于是通过各种途径找到天策行。我这个产品就这样了，你看能不能提炼个什么概念让它火起来。我们的民营企业家有时候的灵光闪现在很多情况下确实不错，拍脑袋出来的产品在一定程度上能解决一些消费群的问题，就是因为没有梳理清楚产品的价值体系，没跟经销商和消费者说清楚。

但更多的情况，是我们的企业家还处在卖概念的时代。产品没什么不同，都是降血糖降血脂，但又无法声称自己的功能，希望策划公司编一些概念来让消费者埋单，这样的短线行为无论是对企业，还是对咨询机构本身的声誉，都将是一种伤害。

总之，中国企业在经历了第一阶段的成功之后，已经具备了“上台阶”的基础，现在到了“上台阶”的关键时刻，接下来就是尽快通过战略重塑来推动品牌重塑。有了清晰的定位，就可以逐步丰富品牌的内涵，把品牌变得有血有肉。比如可以把很多令人感动的小故事整理出来，可以把客户消费之后的感受与体验讲出来，可以把很多枯燥的文字变成形象化的图案和图片，把很多有意义的理念变成有意思的说法。因为越来越多的年轻人更在乎“有意思”，而不是“有意义”，所以必须把有意义的内容用有意思的方式表达出来。大家都知道读书很有意义，可以增长知识，可是随着生活节奏的加快，读书的人却越来越少，尤其是那些非常有意义的大部头书籍更是无人问津。这是一种大趋势，任何一家企业都很难扭转这种局面，必须顺势而为，找到新的替代方案，让大家在轻松娱乐的环境中学习知识，掌握知识。

价值链分析是管理重塑的基础

我在第二章“传统企业蜕变急需四个转变”里面谈到了企业竞争的第一个转变，就是从产供销竞争到价值链竞争。谈了互联网思维重构企业价值链体现的4个方面：一是市场与消费群重构；二是技术创新流程重构；三是商业经营模式重构；四是产业链与产业边界重构。所有重构的基础，是从价值链分析开始。

价值链分析法是由美国哈佛商学院教授迈克尔·波特提出来的，是一种寻求确定企业竞争优势的工具。这一工具具有如下特点：①价值链分析的基础是价值，其重点是价值活动分析。各种价值活动构成价值链分析方法链。②价值活动可分为两种活动：基本活动和辅助活动。基本活动是涉及产品的物质创造及其销售、转移给买方和售后服务的各种活动。辅助活动是辅助基本活动并通过提供外购投入、技术、人力资源以及各种公司范围的职能以相互支持。③价值链的整体性。企业的价值链体现在更广泛的价值系统中。供应商拥有创造和交付企业价值链所使用的外购输入的价值链（上游价值），许多产品通过渠道价值链（渠道价值）到达买方手中，企业产品最终成为买方价值链的一部分，这些价值链都在影响企业的价值链。因此，获取并保持竞争优势不仅要理解企业自身的价值链，而且也要理解企业价值链所处的价值系统。

大互联时代，是一个信息对称时代，去中间环节时代和完美体验时代，如果价值链分析不清楚，对增值环节的了解都会一片茫然，更如何去谈优化呢？

我碰到一个民营企业集团，企业老板计划将集团后端的销售公司打造成为一个融资平台。做融资平台，一要资产，二要销量，如果这两者都没有，融资肯定就是一句空话了。可在经营中发现一个问题，工厂由于是独立核算，所有提供给销售公司的产品都加入了利润。由于工厂本来成本就在行业平均成本之上，这么一操作更让销售公司雪上加霜。

天策行在介入这家企业后，首先对这家企业的战略体系展开重构，构建新的商业模式，并在此基础上展开管理体系的重构。

在价值链分析环节，我们对成本节点进行了详细划分，并在此基础上对成本和标杆成本进行差异分析。在对企业成本节点分析结束后，企业的增值点在哪里就非常清晰了。在此基础上我们将两个利润中心合并为一个利润中心，将整个生产供应环节改组为效率控制单元，考核目标由以前的利润考核调整为参照标杆的成本控制。

通过这一调整，企业的整体业绩获得了成倍的增长，作为以前全力追逐利润的工厂目标也更为清晰了，整个质量成本也获得了很好的控制。

管理重塑5个步骤

管理重塑分为机制流程分析、架构设计、岗位设计及绩效评估、全面预算管理、组织优化5个部分。下面重点就机制流程分析、架构设计、全面预算管理这3点进行说明。

机制流程分析

机制流程分析是管理重塑的第一步。过去我们的管理理念是控制性的管理，所以一般企业的机制属于中央控制型，从企业级流程到部门级流程都是以控制为主。而如果我们的机制和流程不能适应大互联时代的要求，我们的管理重塑则无从谈起。所以，从企业管理层面来谈，流程是企业最大的老板，这个老板不改变，企业就无法改变。

举一个控制型流程引起的弊端例子。2008年的时候，有一家企业老板忧心忡忡地找到我们，告知企业业务萎缩得很厉害，业务员跑市场越来越困难，希望天策行给企业诊断一下原因在哪里。

我们先做了内部访谈，发现一个奇怪的现象，企业的内部管理人员对企业的经营管理现状感觉很良好，对业务执行流程感觉也很良好。业务人员也几乎没反应什么太大的问题。项目组带着迷茫展开了市场的走访。

市场走访一开始也挺好，经销商说有些质量问题，但业务员处理得很及时。但走到后来，问题的端倪就出来了，走了10家经销商，10家都说近期的质量问题比较频繁。可在我们内访的时候，近三个月就没有出过一次质量问题。

究竟是谁在说谎呢？

我们把焦点聚焦在业务员身上。业务员说，其实他们反映的都是实情。企业最近三个月质量比较稳定，只有少批量有质量问题。但企业这个退货流程太麻烦了，我们要各级部门负责人都签字，一次退货得动用十多个主管，这流程走完，客户也都不干了。于是我们想办法，把一些有问题的产品选择周边市场处理掉，如果处理不掉我们就选择别人去处理，这样就让一些二级客户觉得我们的质量总不稳定。

真是一颗老鼠屎，搞坏一锅汤！

就因为一个小小的退货流程，让企业的口碑迅速下降，甚至濒临倒闭。所以在前期机制流程的分析上，不仅要从流程自身分析其合理性，也不仅仅要从内部人员那里来获取对流程的看法，更要看重实际运行中去与流程的关联方、实践方沟通，在实践中不断优化。

架构设计

在企业的机制流程梳理清晰后，进入架构设计。在过去，基于管理和控制原则，一般会从管理幅度和管理层次两个维度来考虑管理架构的设计。即从研发、采购、生产、储运、营销这个链条上，每个环节的管理幅度该多大，分成几个层次能更好地实现运转。

但如果基于价值链相互关系的思考，并结合信息对称性，去中间环节，体验需求的大互联时代特征，我们考虑的架构设计更多会考虑剔除中间层，从顶层到基层信息直达。

这里重点谈谈基于价值链思考的问题。前面我们谈到价值链分析是管理重塑的基础，每个企业由于其历史条件、经营环境的不同，其价值链分布重点也不同。

在大宗制造业，我们拿采购和营销这两个岗位来作分析。大宗制造业对成本非常敏感，营销人员会经常抱怨企业成本控制不力，导致在市场上推广很难。而企业控制的主导方就是采购，采购人员也有道理啊，你的销售规模上不去，或者你的销售淡旺季动荡太大，采购也缺乏谈判资本啊。所以说采购和销售在大宗制造业的企业里经常是一对冤家，并且都有道理。

这对冤家碰到一起怎么办？我们分析企业的价值脉络，可以发现他们都是影响企业效益的关键环节，采购出效益，营销出效益，虽然一个处在企业的前端，一个处在企业的后端，但他们的价值诉求关联性太强，他们完全可以合并办公，甚至划归到同一个主管部门，形成关联的绩效指标（见图3-4）。

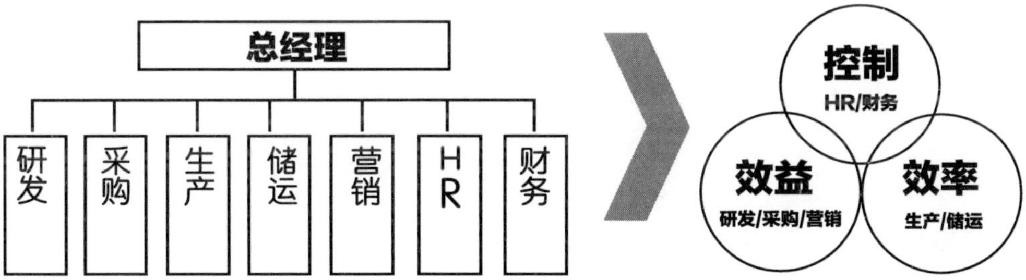

图3-4 从传统体制到基于价值链的架构转型设计

全面预算管理

全面预算管理，其核心点在管理。

我们在帮助企业搞管理咨询的时候，一问到企业有没有预算，企业老板、总经理和财务总监一般会异口同声回答：有啊，每年都做预算，但感觉预算没多大用！

我只能回答：如果预算没啥用，只能说预算没做好。

如果每个部门的主管无法相对准确地对部门预算提出估计，并以此来规范部门的投入，那你能指望这个部门的规划如期实施吗？

在企业推行全面预算管理的重要性是不言而喻的。对于其好处我只能简单举个例子。当年泰国正大和中粮集团在秦皇岛投资了一个面粉企业叫鹏泰，在2000年左右的时候，这个企业亏得一塌糊涂。但在经历短短两三年的提升改进，其核心步骤是推行了全面预算管理，就扭亏为盈。

当然，如果在企业管理基础薄弱的环境下，我们的企业老板和总经理需要为全面预算管理创造环境和给予时间。因为每个部门的主管对于全面预算首先需要树立意识，有了意识之后就会立竿见影。

下面我们拿全面预算管理咨询推进流程图来做具体说明：

1. 在图3-5中，如果企业没有实施过全面预算管理，在确定公司经营和预算目标阶段，可由企业的核心层组建“企业全面预算推进管理委员会”，由这个组织确立目标及全面预算管理推进的日程。

2. 在年度预算下达环节，主要是通过召开公司部门级会议，实现年度预算的落地。

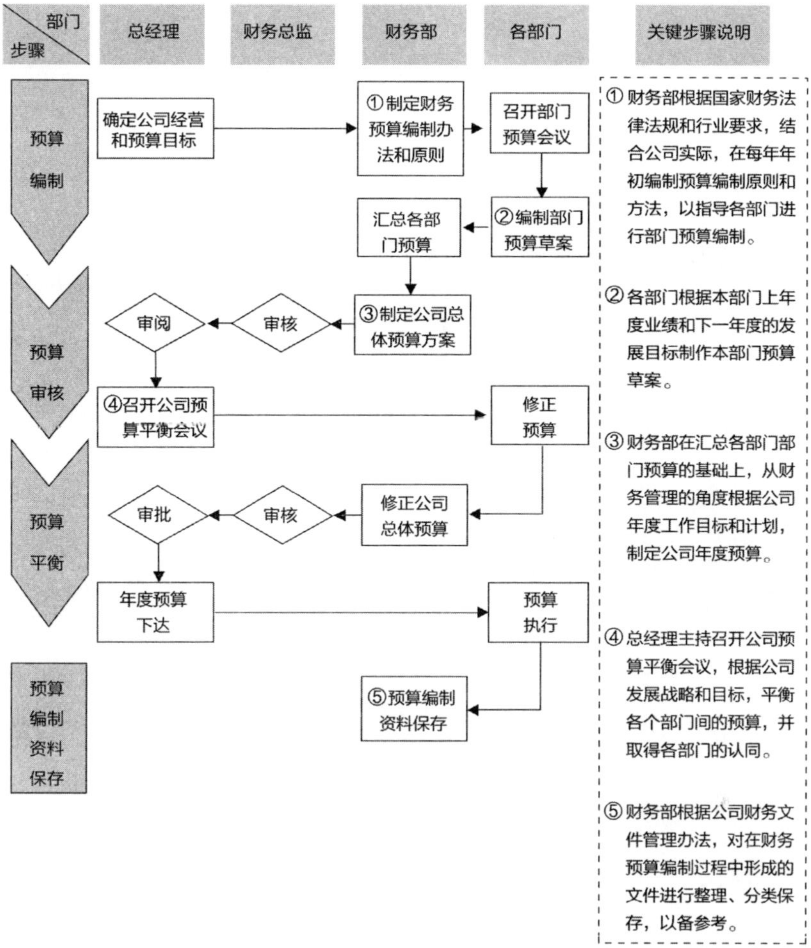

图3-5 全面预算管理咨询推进流程图

文化重塑是顶层设计落地的保证

通过战略重塑，可以清晰目标，这是前提；通过管理重塑，可以清晰路径，这是战略落地的配套。而文化重塑，可以统一思想，是保证。环境可以塑造人，而文化重塑，就是为了实现企业的目标，而建立的统一思想的保证系统。

很多公司的企业文化手册，做得很漂亮，老板很喜欢，但都是千篇一律地阐述老板的想法，和员工无法建立起共鸣。为什么这么说呢？因为很多企业都是在没有理解企业文化的定义和内涵这个前提下，就开始做企业文化手册，结果只是根据老板的偏好，提炼出来的很多动听口号而已。

我认为，企业文化的设计首先就是从虚伪、虚假的口号文化转变为务实、落地的执行文化，向上升华，把很多理念上升到信仰、尊严、自律、善心的高度，向下沉淀，落实到行为、准则、标准、纪律的深度。

企业文化建设的三个层次（见图3-6）

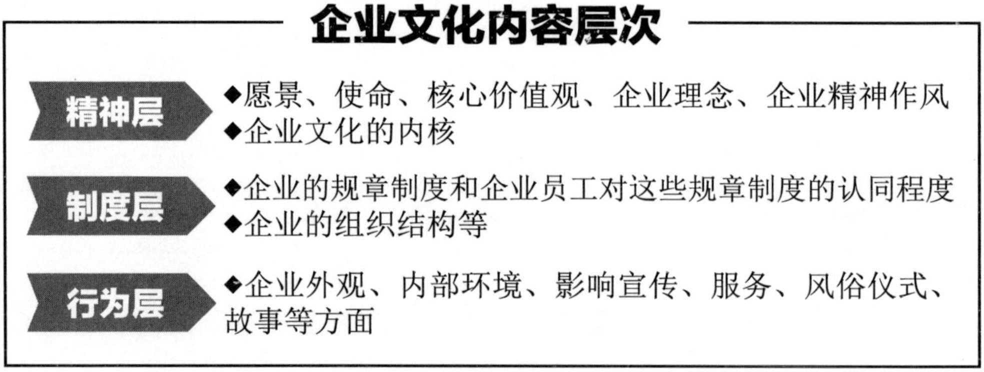

图3-6 企业文化内容层次

组织变革的理念

层级VS扁平

传统组织管理的“正三角”金字塔式管理，主要来源于古典管理学的祖师爷马克斯·韦伯——员工在最下边、逐层往上是最高管理者。

以前的提法也以“用户为中心”，但是在管理体系上肯定是以企业为中心。原来不对称的主动权在企业手里面，无论企业生产哪种产品，用户作比较成本很高——俗话说，货比三家，是要付出成本和代价的。

但是移动互联时代的中心已经发生了转变——因为信息已经对称了，很多主动权已经从企业的受众转移到了用户的受众。

用户可以比较所有产品的区别，再也不用把“腿都跑细”来货比三家，躺在床上就可以把你们家的产品和别人家的产品比较得清清楚楚。

用户可以参考所有消费者的评论，是好是坏，别人的品头论足是用户购买决策的重要参考，一个用户不会去买淘宝上全是差评的产品。就是吃一顿饭，用户也会提前看看大众点评里的评价如何。

用户需求变化速度加快。因为主动和被动信息很多，消费者进化加快，裂变速度很快，个性化的需求不断产生。

环境的变化导致战略的转化，老的正金字塔式的组织结构已经完全不能适应用户的个性需求。如果还是一层层上报、一层层下达的模式，要在第一时间了解用户的需求、第一时间满足和创造消费者需求，那么，结果是：黄花菜都凉了。

新的正金字塔的管理模式，将以前最底层的包括营销、研发、制造人员直接和用户接触、直接了解用户需求，马上为用户作出判断。

小米公司的组织架构没有层级，基本上是三级：七个核心创始人一部门领导一员工。而且不会让团队太大，稍微大一点就拆分成小团队。从小米的办公布局就能看出这种组织结构：一层产品、一层营销、一层硬件、一层电商，每层由一名创始人坐镇，能一竿子插到底地执行。大家互不干涉，都希望能够在各自分管的领域给力，一起把这个事情做好。

继而，升级之后的，更加科学的、节点闭环的网状结构应运而生——高度的扁平化、点与点之间的相连，与消费需求个性化变化的融合和共振。

控制VS自主

传统管理，一周工作7天，希望每一个员工都尽可能地延长工作时间。互联网时代讲求单点切入，逐点放大、少做事、扁平化管理。少做事、扁平化，才能把事情做到极致，才能快速。

福特时代定义了现代管理的理念，工业大规模生产、层级化，KPI考核（关键绩效指标法，即KPI绩效考核，是企业绩效考核的方法之一），各种管理制度堆积成山。新兴的互联网企业没有KPI，并不是不设定KPI，是因为变化太快的市场就根本没有办法设定KPI。

正在转型的领先企业，也一直用新的管理体系来提高对互联网的实用性。海尔从内部企业评分变为由用户直接考核；阿芙精油有一个被称为“怪胎式”的绩效考核方式：没有明确的绩效指标，全靠“赌术”。它虽然是一家化妆品公司，但运营模式更像一家游戏公司。

正如管理学家加里·哈默所说：“未来的考核是用户评价。”

等级VS对等

大部分历史中，财富的创造都依赖登记制度，企业、政府、军队都采用等级制度。各种社会形态和企业组织架构，将人们分成上下等级，以实现公共和示人的目的。

甚至，支持放权、团队和开明的管理都将现代企业内部的命令性等级视为管理的前提。但是等级的组织形式会被对等的组织形式、倒金字塔的组织形式、自组织、自管理或者“轻足迹管理”所冲击。

层级管理的特点是严谨、规范与控制。但是对于互联网时代来说，速度已经成为重大的优势之一，那么层级就阻碍了决策的速度和信息的传播。

传统管理如果干不好，就认为雇佣的员工不够好，加人、开会、培训、洗脑四件宝。芝麻绿豆大的一点破事都要聚集一大帮子的人来开个会，等会开完了，市场情况或许就不同了；等一个请示汇报批复下来，机会早就过了。

互联网时代管理，需要减少层级之间互相汇报浪费的时间，始终保持扁平的组织机构，提高决策速度。

雇员VS股东

小米公司刚成立的时候，就推行了全员持股、全员投资的计划。小米最初的56个员工，自掏腰包总共投资了1100万美元，均摊下来每人投资约20万美元。

当一个企业具备了透明的利益分享机制，愿意和员工一起分享利益，尽可能多地分享利益，而且经常还有被用户崇拜的满足感——谁又不愿意把事情做好呢？在工资有保障的前提下，还有什么比用户的认可更重要的呢？

体系VS归零

如果只读一本管理书籍，就读《管理的实践》——现代管理之父彼得·德鲁克的管理体系。传统企业按照现代管理理论构建的体系，在互联网思维的冲击之下，也将发生巨大的改变。这个改变，是一个艰难的过程、将是一个涅磐重生的过程，更将是一个充满泪水的过程。

如果能够完全归零，从原点重新构建，才可能体会到互联网时代的力量。

因为互联网，传统的信息壁垒已经不是优势，要获取更为便宜的原辅材料、制作工艺已经成为不费吹灰之事；

因为互联网，人才也不是瓶颈，你可以在猪八戒等外包网站上找到你外包的资源；

因为互联网，资金也不是瓶颈，你可以在美国Kickstarter和国内的点名时间进行融资；

因为互联网，消费者成为了生产者，小米手机的粉丝成为小米MIUI的创意者；

因为互联网，认知的盈余成为可能，每一个都能贡献自己的力量；

因为互联网，众多小型组织的出现，三五个人就把一个传统企业折腾得够呛；

因为互联网，跨界的人才纷纷出现，互联网造成了无界。

因为互联网的开放、平等、协作、共享、去中心。让每个人的欲望、激情、活力、创造性得到最大程度发挥，组织才会快速形成想法，把想法变成产品，把产品变成商业模式，然后快速长大。互联网思维带来了小人物不断战胜大人物的现象，充满了颠覆和被颠覆。

共享VS保护

《维基经济学》以及《宏观维基经济学》的经典观点：失败者创建的是有

墙的花园，而胜利者创建的是一个公共的场所。传统的企业通过专利、版权、商标来控制和保护专有资源，鼓励创新和保护创新。尤其是知识产权，如果谁侵犯知识产权，那么就会有若干的麻烦。

但是，互联网却产生了一种新的知识产权经济学，越来越多的知识被消费而非所创造，而且越来越多的公司发现保护知识产权会消弱创造价值的能力。天平已经借助互联网往多元的、个体的用户倾斜。

太阳微系统公司的蒂姆·布雷所持的观点是："我们确信基本的共享对任何人来说是双赢的，共享的扩展创造了新的机会。"

如果不是安卓操作系统的知识产权共享，哪里会有那么多的小米粉丝没日没夜地共同开发新的MIUI，如果没有知识共享，知乎网上哪有那么多的知识创造者。知乎网在众多书籍的项目中，在保护产权和共享中寻找到了一个共同点——让所有人贡献内容，这些内容可以共享；但是集结成书之后，生产者都具有知识产权。

这才是广场和花园的完美结合——新的商业模式和传统商业模式最大的区别是：传统商业模式将顾客锁定在某处，禁止移动；而新的商业模式是允许顾客产生内容，成为商业的救世主，然后去管理好他们。

结构VS裂变

海尔张瑞敏提出：传统企业跟传统媒体一样，要改造成一个适应互联网的机制非常困难。互联网的冲击不止是电商、互联网营销等，将会带来非常深层次的冲击。冲击到最后，整个社会都会变成自组织（自动生成组织）。

海尔希望：自组织是自己冒出来的。某个人发现一个机会，有几个人志同道合，大家一起来做。海尔是一个平台，一个自然环境的生态，土壤很肥沃，水草很丰美。CEO不保证一定冒出什么树来，但CEO要保证条件好。

逻辑思维创始人罗振宇说："互联网变革的是什么？很多传统企业以为是

营销渠道或者是品牌建构方式。不，在我看来，互联网首先铲掉的是组织方式，是人的分工和协作方式，如果看不透这个底层密码，组织转型、产业转型都是镜花水月。”

互联网对现代管理学已经产生了冲击，那么对您的企业呢？当传统管理遇到互联网，你以为北京遇到西雅图，总有那么一段纠结，但是结果总是美好的？这次可不一定了。

分工VS协作

现有的传统企业管理都有一个共同的祖师爷，都是基于传统的经济模式。亚当·密斯的《国富论》第一章开头就是论分工，从小作坊到工业化，从泰勒的科学管理到福特的汽车流水生产线。

移动浪潮时代的到来，因为信息的对称，平等、协作成为新的管理，中小企业更有效率，就像是现有的电商平台，一些三五成群的小电商就可以形成很大的产业规模。

如同《第三次工业革命》里面提到：未来的各大组织架构将会走向一个分散合作的模式。

这种模式造成了传统大公司的形态的转型，或许需要聚焦在核心的模块，把其他的模块和社会上更有效率的中小企业分享合作；或许内外部产生协作的新机制。

这种协作的模式，不仅仅出现在企业内部，正如IDEO公司所说：“作为一个整体，我们比任何一个个体都聪明。而且也出现在外部，也出现在供应链协作、上下游协作、消费者协作，竞争对手协作之中。”

科斯1991年获得诺贝尔经济学奖，在《企业的性质》中论证了企业存在的核心理由，即：“创建企业成为有利可图的主要原因，就是存在着利用某种价格机制的成本”。

企业的成立减少了各种内部交易的成本。而互联网的到来，让全球各地的人们通过互联网聚集在一起，利用各自的技巧和能力，共同完成了很多复杂的任务、并形成极其庞大的事业。

这样的成就，正如唐·塔普斯科特这样的技术乌托邦主义预测：大规模协作将成为经济组织的新形势。他认为，企业的科层制将彻底消失，个体被赋权，得以共同创造。

趋势已经产生，交易成本正在快速地降低。未来，一个大规模协作的、崭新的经济组织方式，以及新的管理将放弃过去的一切管理知识，重新构建体系。

未来的组织正如张瑞敏所说企业的边界正在消失，企业将成为平台型的企业，而非传统意义上的企业。

或许，正印证了海尔的一句名言：没有成功的企业，只有时代的企业。

个性VS规模

在20世纪甚至以往更长时间，我们的管理学理论基本来自于高效率、高产量的大众市场。从而管理的理论也来自于亚当·斯密的“专业化分工”和“规模经济理论”。

而在科学管理之父——泰勒先生的科学管理体系中，提高生产效率正是科学管理的目的。

大规模生产中每个产品的最佳方案已被固定，产品及产品的工艺很少改变，而大规模生产的好处就是可以将产品成本尽可能地降低，以希望固定成本得到偿还。这些大规模生产者都是依靠产品创新，再将大规模化的生产及规模化的营销推向消费者。

福特公司设计生产的T型车，就是规模化最早的经典案例。T型车于1908年10月1日推出，产品价格最初售价仅为850美元，随着设计和生产的不断改进，1913年10月7日，在海兰园设立了第一条总装线，几乎使装配速度提高了8倍，最终使每工作日每隔10秒钟就有一台T型车驶下生产线，产品售价最终降到了260美元。而260美元的价格，是福特工人52天的工资而已。

后续丰田的精益管理出现，体现了低成本、高产出、快速交付、零库存、客户定制以及产量的灵活性。日本把精益管理继续发展到“看板管理”“即时化管理”“连续化生产”“持续改进”等管理方法和工具。

福特说：“你可以自主选择你喜欢的汽车的颜色，只要它是单色。单一的颜色有利于规模化的生产，提高效率，减少成本。”

但是，互联网催化了消费者个性需求的出现，消费者不仅仅满足于企业所提供的规模化产品，个性化市场造就了个性生产、定制生产、规模化生产。更是参与到设计、生产甚至是销售的环节，而且消费者把此当做一个体验，企业也将此当做一个新的核心竞争能力和竞争优势。

宝马7系的开发中就利用互联网的工具，与用户充分沟通，车还没有出厂，已经吸收了消费者很多要求，也已经拥有了很多的粉丝，融入了用户的共同设计，把用户的需求和产品的设计对接在一起。未来的产品，或许是“乐高”式积木生产，通过不同的模块组装成不同的产品。

一场对抗规模化的生产革命和零售革命产生，在这场革命中，互联网带来更加灵活、开发的管理思想。用户参与设计、开放式创新、众包、众筹、创客等概念，成为了这场大规模定制化生产运动的主要组成。

空白VS起步

你一直在羡慕苹果电脑、可口可乐、肯德基、麦当劳，希望拥有类似的超级大品牌。它充满魅力，吸引着大众的关注，具有神奇的魔力，拥有极高的声望，当然也得到消费者的仰视和关注。它意味着你在打得血淋淋的竞争中赢得了江湖地位，傲视群雄。

但是问题在于，苹果这样的品牌在全球实属凤毛麟角，乔布斯比大熊猫还要稀少。你的品牌暂时不是苹果，你也暂时不是乔布斯。你的品牌或者小有名气，但还远远没有达到全国知名品牌、全球品牌的地步。你在区域市场中当然会是一个超级“土豪金”，但是在互联网的冲击之下，本来就不多的品牌忠诚度被冲得稀稀拉拉。

但这是一个极好的事情，当你的品牌在互联网中，不具备任何品牌忠诚度，也就意味着你面临一个崭新的市场，也就没有任何历史包袱。

同样的道理，如果你的企业还不是超级大型企业，管理体系也不完备、KPI尚不健全，连基本的管理制度都没有，恭喜你，你赶上了一个最坏的时代，更赶上了一个最好的时代，这意味着你无须伤筋动骨地进行外科手术，就能起步你的互联网化战略。

遗传VS突变

如果按照传统管理体系，已经很难适应互联网思维的到来。互联网精神的本质就是：开放、开放、再开放，任正非说：“脱光衣服，连裤衩也脱掉。”只有你不遮遮掩掩，顾问才能知道你的病根到底在哪里。

试图在互联网时代重构的企业，必须抛弃将互联网作为简单工具的做法，从思维的角度来拥抱互联网。如果“道”“学”都不变，而仅仅是变“术”，即原来的生产、销售、管理方式不变，仅仅把互联网嫁接到企业中，作为锦上添花之举是不可取的。

互联网思维不是建网站——很多企业都构建过网站，并没有成为京东、也没有成为天猫。

互联网思维不是微博营销——雕爷牛腩的成功并非是微博营销的成功，其根基是全新的轻奢餐定位以及极致的产品；

互联网思维不是建论坛——小米手机是对发烧友的全新、互动的体验和众包、迭代的的成绩。

互联网思维不是作秀——江小白注入了一种年轻人的文化，在众多“老同志”白酒类中脱颖而出，一呼百应、响应者众，并通过互联网进行传播。

如果互联网对管理的变革不是深入骨髓的话，仅仅作为一个简单的工具，梧桐树上是开不出玫瑰花的。

科学管理之父泰勒致力于浪费的动作，错误的设计、不现实的标准，岗位的匹配，激励制度的不科学。这一百年前的管理理念和方法不断延伸，形成了各种系统化的管理、六个西格玛理念等。传统的管理理念，就是这样的基因。一切都已经限定了传统管理的特点：能够将复杂的问题分解为细小、可重复、标准的操作；能够有完整的流程和方法，来提高效率和精准的控制成本；有完整的组织架构、KPI考核、激励体系，协调全国甚至是全球的运作。

但是，也正是这些致力于标准化的基因，将有互联网时代日益去中心化的、有创造力的、有主见的、具有自由精神的人们置入了一个框架体系之内；因为传统管理的规范性，而降低了组织对互联网变革的适应能力；提高了运营的效率，而束缚了接近互联网的创新思维。

我们已经习惯了由上至下的指示、习惯了领导的安排和上级的规则，习惯了从上到下的安排任务和工作。这就是传统管理的基因。

三、如何塑造极致产品

什么是极致产品

这句话从雷军提出他的七字真经以后，不断地有人问我。好像在他提出极致之前，很多人已经忽略了产品的极致在商业世界的地位。

这也难怪，过去的几十年商业成功得太容易了，尤其在中国，一切的工业生产只要做出规模，就可以吸纳无限的财富，用适当的成本，做出适当的质量，这已经成为工业世界奉为圭臬的法则。但过去真正成为百年老店的那批企业，真的是这样吗？

过去同仁堂的药不是以成本来限制质量的，成就了他的口碑；过去瑞士手表也不是以成本来限制质量的，也成就了瑞士手表的口碑。在工业时代，需求和供给都被放大，用适当的成本做适当的质量，口碑逐渐变得艰难起来。

也就说，极致产品，并不是今天创新的一种商业理念，从“商品”这一概念诞生以来，有匠人之心的企业家，就不断用自身那份耐心和创作激情，去解决买家的痛点。当他们以苛刻的心态，去研究消费的体验，并将这种体验创造呈现出来后，极致产品就被打造出来了。

在大互联时代，信息变得对称了，中间环节被去掉了，物质被过度创造，消费者对体验的要求越来越高，打造极致产品又变成了每一位大互联时代企业家和职业经理人的使命。

是不是有工匠之心就可以做出极致产品呢？

过去，工匠可以静下心来做事情，今天我们的很多技术人员却无法静下心来，因为竞争、速度、压力让整个产品的研发过程变得焦虑不安。也就是说，在大互联时代，在这个充满变数、信息对称的时代，我们要找到一个有效产出极致产品的方法。

小米手机的联合创始人黎万强在广州发行他的新书《参与感》的时候，提出了他对做极致产品的看法：极致产品=半成品+用户参与。

也就是说在大互联时代，我们要改变一个认知，最强悍的大脑不是某个专家或者某一个小团体，而是互联网链接起来的这个无所不能的大脑，因为是他们在集体决策他们需要什么样的体验。

无独有偶，在另一个传统领域也在演绎着同样的故事。中国饮料行业的巨擘——杭州的娃哈哈集团，虽然它有一个国家级的饮料研究机构，能快速地将市场上一切畅销口味的产品在一个月内跟随并超越，但更为重要的是它有一套为超越指明方向的系统，朝那个方向去超越。它的所有产品都在经历市场考验，接受市场反馈信息中优化口味、甚至优化外观的工业设计。

极致产品打造方法

打造极致产品，是我们十多年来的追求。而这种追求，我们从消费体验开始研究。

2013年帮助斯美特食品做了一款方便面——黄帝鸡汤。这款产品在上市之前，我们就在考虑应该做一款什么样的产品，来调动消费者的体验。从原料上来讲，基本都形成了自己的代表口味，但作为肉类消费的第二大品类——鸡肉，至今却没有代表品牌。康师傅、统一等鸡肉类产品的表现都乏善可陈。

为什么这么多年没有人选鸡肉来作为突破口，我们分析了有很多原因。但最大的原因恐怕莫过于两点：一是近些年来的禽流感，很多企业担心做鸡

肉品类会有风险；第二是鸡肉是一种淡口味，作为方便食品，很难让消费者形成口味依赖。

但如果从另一个角度来理解，这两个因素也站不住脚。首先，禽流感并不是一种新鲜的疫情。这一病源从1878年在瘟鸡中分离发现，迄今已有100多年的历史。这100多年来，人类为各种疫情研究建立了各种防御体系。各种肉类都有可能携带病源，如果下一次发现禽流感，其预防和控制速度一定会比过去更好而不会更差，基于这一考虑，无论是选择鸡肉、鸭肉还是鹅肉来作为创新品类，都不会构成关键影响。其次是口味表现问题。正因为鸡肉的淡口味，它才能够凸显成系列口味的特色，比如辣味、酸味、菌味等。

同时，鸡肉作为肉类消费的第二大品类，拥有广泛的认知，在这一品类上发力，具有较广的群众基础。

在做什么达成一致的基础上，往下就该思考如何去做了。

首先是关于名字的呈现。对鸡肉的消费，从直观的感性理解，北方偏向于炖鸡，而南方偏向于喝鸡汤。但我们从400多份问卷研究发现，无论是南方还是北方，对鸡汤的接受度更强。于是，这款诞生于黄帝故里的鸡汤面就被命名为“黄帝鸡汤”。

那黄帝鸡汤究竟该往哪个方向去做呢？

现在的方便面厂家基本都在吃老本，做的还是很多年前的那个口味，还是很多年前的那几个产品。但是有个典型的现象，方便面的替代品增多，快餐的供给变得越来越便捷，休闲食品的品类变得越来越丰富，方便面基本处于在夹缝中生存的境地。

这个夹缝中正在诞生两个机会：一是方便面的休闲化消费。因为休闲这一消费是个无底洞，近些年来都保持着两位数的增长，包括日清、康师傅、张君雅等品牌也在逐步发力。二是方便面的主食化，做方便面本来应该去争取的市场。健康的料，充足的肉，好吃的面做成热气腾腾一顿餐。

在对企业和渠道现状分析后，第一步朝主食方向去做更为可行。于是，鸡汤面里的“大鸡汤包”的创意就诞生了。每包黄帝鸡汤方便面，里面真有鸡汤，这个鸡汤不是用调味剂调的，而是用真鸡肉鸡骨头熬制的，所以色泽香味都很自然。我们对鸡汤包没有做花俏的设计，就是纯色上面一碗鸡汤，这种色泽和亮黄色的鸡汤对比起来有比较大的反差，而撕开即汤袋，倒出真正鸡汤的那种体验，成为日后吸引很多消费者重复消费很重要的因素。

光有汤还不行，毕竟吃一顿饭要考虑到营养均衡，虽然说一包鸡汤会抵消掉一些方便面作为垃圾食品的阴影，但还远远不够。

黄帝做菜，最有名的要数他的招牌养生食谱《黄帝内经》了。《黄帝内经》里面提出了五色养生，五色养生的理念也是不需要教育的，那我们就把菜品做得丰富一些。传统方便面的菜包搞的是脱水蔬菜，很影响口感，我们为了把味道做足，就建议做FD速冻菜包，保持营养，更保持口感，这样每次把一碗面泡开，五色蔬菜能更好还原热气腾腾一碗面。

口味做好了，剩下就是面体的问题。这些年受日清、味千拉面的影响，消费者的口味变得越来越刁了。如何让面体变得筋道爽滑成了一个命题。

就这样，针对面体、料包、及汤包、蔬菜包的多次试验和口味测试，在北京、郑州等地的学校、火车站、写字楼，对不同克重，不同口味的产品放在一起对消费者做测试，不断地调整了很多表达方法，包括产品的克重，在让充分的消费者参与后，一碗名副其实的黄帝鸡汤面就呈现在消费者面前。这个产品从2013年12月市场推出，很多一线的销售人员都有一个共同的感受，只要是尝过这个面的，基本都会购买。当然精进的路刚刚开始，极致产品永无止境，精进版的黄帝鸡汤又将于2015年的8月推向市场。

四、如何塑造品牌

主动传播力——主要在传，不在播

天策行考量一个传播方案是否有效，重点在于考量这个话题能否传起来，至于企业主动去播，及如何去播，就看一个投入量的问题。话题的策划能让人传人，投入少量播的费用就能获得很大的收益；如果话题传不起来，大家硬拼播的投入，这就是工业时代的行为特征了（见图3–7）。

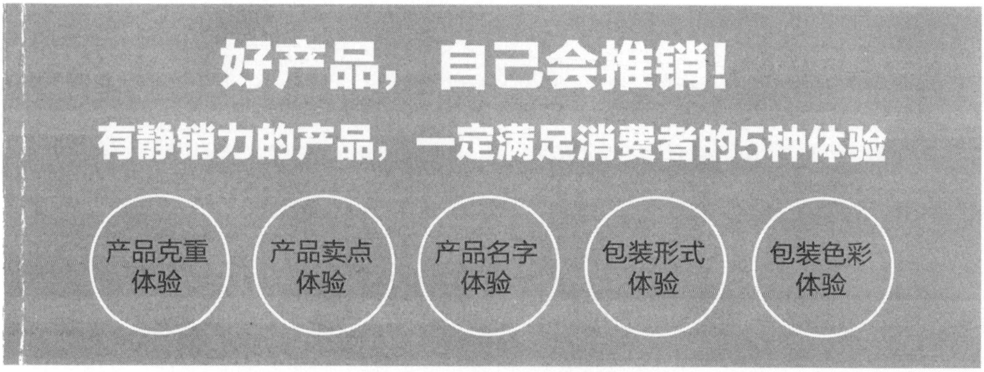

图3–7 话题传播方案

比如前些年中国的企业界很流行标王，谁要是成为了标王，和央视相关的所有媒体都会争相报道，就像20世纪90年代邻里之间发现谁家把桑塔纳换成宝马了，大家会争相口头传播：这家伙发财了，这家伙真有钱。

所以“标王”这个概念，在开始的几年是具有传播力的。一是能在全国人面前表现这家企业很有实力。在那个时代，大部分消费者都愿意买有实力企业的产品，如果你成了标王，当然同时会成为很多消费者心目中质量保证的象征。同时在渠道商眼里就是一个赚钱机会，央视广告天天播放，消费者愿意买，渠道商生意就好做了，所以老经销商会向厂家要求主动压货，新区域的经销商会争相经销商资格。

但近两年，“标王”的光环已经逐渐从人们的视野中淡去。大家发现，成了标王之后的很多企业因为资金链断裂被这个名头催速死亡，如当年的秦池；也有的企业虽然成了标王，别人有的质量问题它依然有，比如三聚氰胺。也就说大家热火朝天为标王传播了半天，发现“标王”的背后没有这么光鲜亮丽。

当然，更重要的是，大互联时代的到来，媒体开始去中心化。80后、90后成长起来，一天几乎没有时间待在电视机前面。即便坐在电视机前，也就是看看足球、爸爸去哪了、非诚勿扰、中国好声音之类的节目，当然了，这些节目在互联网上也随时能看到。电视的接受群体被不断分化，消费者更多是利用碎片时间消费电视的内容，但已远离坐在电视机前静静欣赏节目的形式。

今天的什么话题可以引起传播呢？这是可以预期的吗？

当然可以，一个很有效的思考方法是，只要这件事情大家乐于参与，这件事情就容易传开。用一个对比大家兴许能容易理解关注话题的转变。

我们在三年前，看到斯比尔伯格或张艺谋导演的某个大片即将上映的时候，一般引人关注的都是多少亿美元的巨制投入，超越历史的导演、演员阵容。这个时候人们就会想，这么有名的人，花了这么多钱，究竟做出了一个什么文化作品呢？毕竟大家很关注有名的人花很多钱干的是什么事。

但这两年你发现大家关注点不在这儿了，2013年郭敬明导演了个“小时代”，投了2350万元人民币，收了票房4.83亿元人民币，让过去的大导演们都亮眼了，拍电影还有这么个玩法。

一边是“粉丝圈”的狂欢，一边是网上铺天盖地的恶评。2013年6月27日《小时代》如约引爆，单日掠下7300万元人民币票房，打破2D电影首日票房纪录。不仅如此，其上映首日排片占比达到45.01%，而在北京的海航天宝国际影城和紫光影城，全天仅排《小时代》一部电影，这种碾压式的排片节奏彰显着属于“小时代”的疯狂。

从与腾讯、人人合作到《小时代》嘉年华的疯狂抢票，再到和LV、菲拉格慕等奢侈品大牌合作；从拥有过亿粉丝的主创人员在微博上的“狂轰滥炸”再到上海电影节郭敬明的高调夺奖；《小时代》从制片方到发行方，从导演到演员几乎是“用生命在宣传”。其营销模式完全主打新媒体营销，辅以传统的电影营销方式，利用新媒体的平台，结合O2O的营销模式，力图更有效地触及目标受众。“地球人”已经阻止不了《小时代》的营销攻势，即使差评如潮。

这就是“传”的效力，粉丝圈层，社群，共同的话题，成为引爆他们的一颗核弹，只有能制造“传”的效力，才能形成传播的力量。

持久吸引力——品牌不能做成快消品

快消品可以做成品牌，但品牌不能做成快消品。

过去在服务部分国内500强粮油企业的时候，一些企业注册了一大批品牌，如果一个品牌因为质量问题卖烂了，就换一个品牌卖。甚至一些企业的高层都认为这是合理的事情。

这样很难形成品牌的积淀，形成消费群的好感。

在这方面我们需要向可口可乐学习。时代的主题是什么，可口可乐就是什么。

时代的主题是乔丹，可口可乐就是乔丹的精神；时代的主题是刘翔，可口可乐就是刘翔的精神；时代的主题是汪星人，可口可乐就是汪星人的代言！虽然可口可乐就是一瓶饮料，但它却在经营着永不落伍的品牌精神。

一个品牌的吸引力，主要表现在品牌与其准消费群体消费价值诉求之间的相关性高度。相关性高，对消费者的吸引力越强；而一个品牌要形成持久的吸引力则需要品牌拥有强健张力的文化。文化的生命力非常强，富含高社会感染力文化的品牌，其品牌的号召力及影响力是行业的风向标。

但在大互联时代，人们被各种意识形态的内容包围，社会逐渐呈现出各种文化现象，而且时刻可能变迁。社会多元化价值形态崛起，而且生命周期非常短，企业最初塑造的灵魂很容易伴随社会主流价值简短的生命更替而失去观众。如此，企业品牌经营成本将日益剧增，而产出比逐渐下滑。于是给企业品牌文化塑造带来了空前的难度，达到持久吸引力的品牌效果成为所有企业的珠穆朗玛峰 。

在如此困境下，塑造出强劲吸引力的品牌，在不动用雄厚资本援助之外，企业更多需要关注未来2年、5年中国家对社会主流价值文化政策的把控，以及企业所定目标市场人群消费形态，价值形态的演变方向。除此之外，还需要对行业领头企业对社会主流价值文化引导方向进行评估，这一点，加多宝冠名“中国好声音”品牌文化延伸案例，具有高度借鉴意义。

加多宝，正值与王老吉白热化战争阶段，耗巨资捆绑好声音，其主要价值不仅在于品牌的曝光率，更多体现在产品与“中国梦”“个人梦”“音乐梦”联系在一起，深程度地将加多宝空白的品牌文化与消费者乃至大众紧密地与梦想联系在一起。

通俗地讲，一流企业卖文化，卖消费者亟需的精神物质。如何融入消费者的精神世界，要么被企业引导，否则就需要跟随消费的精神世界。

自然销售力——如何让品牌成为一种代言

企业最高境界是卖文化，而企业生产产品的最高境界则是达到自然销售。企业生产出来，不用发愁，产品一销而空。当然，这是天下所有人的共同梦境，非常有难度的梦想。作为企业的终极目标，可以！

上文提及，企业、品牌需要拥有迎合准消费者的价值观的文化，这是务虚部分。企业获得持久的吸引力，产生自然销售力还需要极致的务实精神——产品力。当品牌的文化与产品力都能够和消费者形成高度的和谐，如此企业品牌和产品才能够持续发出与消费者保持同一频道的信号。

下面，回顾一下天策行与娃哈哈的合作。

娃哈哈启力为什么做正能量

2012年，“正能量”这一词横空出世，这一年，娃哈哈的一款正能量饮料——启力，也横空出世。

作为一款与红牛针锋相对的产品，启力在配方上对比红牛也做了针锋相对的调整。

天策行在接到娃哈哈的邀请后，把启力和红牛做了详细的对比研究。

启力在牛磺酸、左旋肉碱等正向促进的原料上有了增加，牛磺酸具有4大功能：促进婴幼儿脑组织和智力发育；提高神经传导和视觉机能；改善内分泌状态，增强人体免疫，改善记忆（见图3-8）。

营养成分	启力	竞品
牛磺酸	500mg	1250mg
维生素	0.2mg	0
左旋肉碱	50mg	0
D-氨基葡萄糖盐酸盐	750mg	0
烟酰胺	7.5mg	10mg
咖啡因	45mg	50mg
肌醇	25mg	50mg
维生素 B6	0.35mg	1mg

图3-8 启力与竞品的营养对比

而左旋肉碱具有促进脂肪转换成能量，缓解疲劳的功能。而对于具有刺激性的咖啡因，则做了减法。这款产品与红牛单纯强调提神相比，更注重人体正能量的提升。

红牛，作为世界能量饮料的代表，因“困了，累了，喝红牛”成就了能量饮料。

1995—2003年，中国严彬系的红牛沿袭了欧洲马特希茨系红牛体育营销的操作手法，诉求“困了，累了，喝红牛”，着力将自己打造为补充体力能量的代名词，红牛逐渐成为汽车司机、棋牌室、工厂蓝领的必备品。2003年，“非典”的爆发性需求使红牛的诉求由功能走向务虚，2003年4月，红牛将自己的品牌内涵定位为“动感、国际、活力”，新的广告语“我的能量，我的梦想！”2012年，延续“梦想”“有能量，无限量”“有能量，创造新传奇”，

“无限量”表现为杰布·克里斯的飞行传奇——红牛正在试图用一罐饮料去承载人们成就传奇的梦想。

体育营销的操作思路使红牛越来越像提升体能的运动型饮料；

动感、挑战极限的诉求使红牛的消费群向脉动、尖叫、激活漂移；

而“困了，累了，喝红牛”的直接功能诉求又正面临着王老吉之类的饮料的瓜分。

如果跟随红牛，启力必然面临和红牛一样的迷失！

红牛迷失之源：沿袭欧洲体育营销的成功思路，强化了补充体力能量，表达了国际化价值；而同时忽略了中国传统价值，忽略了提神醒脑。

中国消费者怎样对待健字号的功能饮料？

为红牛贡献50%销量的市场在华南，而华南的核心渠道在棋牌室，车间；都市白领对健字号的饮品保持警惕和敏感，选择性接受；中学生和家长更容易接受，中国的中学生感觉学习成绩是最大压力的占72.8%，近一半的被调查者平均每晚学习在3个小时或3个小时以上，61.74%的被调查者每天平均睡眠时间不足8小时。

所以做补充能量市场，更大的是要做脑力劳动者市场。这块市场是突破红牛影子的一个必然的选择。

正向持续能量而不是短时刺激的，持续醒脑提神——是启力与红牛在配方上的差异点；瓜分红牛的棋牌室市场，启力醒脑提神，区隔红牛做中学生市场，启力醒脑提神，走出红牛的补充体能的影子，还是醒脑提神！

区隔红牛——红牛做体力能量，启力做醒脑提神能量，红牛做刺激能量，启力做正能量。

正能量，醒脑提神喝启力。2012年底，娃哈哈与腾讯合作，启动了正能量之旅。在消费者心理上，开辟了一个正能量的能量饮料市场。

五、如何打造大互联营销平台

再谈互联网思维

再谈互联网思维，有必要弄清楚我们正处在一个什么样的互联网时代，未来会是一个什么样的互联网时代。

1997年到2002年可称为Web1.0时代，可也称为门户时代。典型特点是信息展示，基本上是单向的互动。代表产品有新浪、搜狐、网易等门户网站。

2002年到前两年是Web2.0时代，也可称为搜索/社交时代。典型特点是UGC（用户生产内容），实现了人与人之间双向的互动。典型产品如新浪微博、人人网等。

今天，到未来，更准确的描述应该是Web3.0时代，即大互联时代。互联网实现多对多交互，包括人与人，还包括人机交互以及多个终端的交互。以智能手机为代表的移动互联网广泛使用，在真正的物联网时代将盛行。一开始仅仅是大互联时代的初期，真正的3.0时代一定是基于物联网、大数据和云计算的智能生活时代，也包括因为信息共享而引发的生物工程、纳米技术爆发性创新，实现了“每个个体、时刻互联、各取所需、智能互动”的状态，也是一个“以人为本”的互联网思维指引下的新商业文明时代。而互联网思维，就是在这一背景下，对市场、用户、产品、企业价值链乃至对整个商业生态都进行重新审视的思考方式。

也就是说，不是因为有了互联网，才有了这些思维，而是因为大互联的出现和发展，使得这些思维得以集中爆发。而未来的企业，未来的企业家，如果不能与时俱进地让思维革命，让自己跟上大互联时代的脚步，将无法参与大互联时代的竞争。

企业主要任务是构 模式

大互联时代的主要特征是信息的不断对称，中间环节不断被去掉，而消费者对于体验的追求变得没有节制，尤其是80后、90后，这种对及时、快速的服务响应让很多企业丧失机会。

相对于传统企业负责人抓研发、抓原料采购、抓生产、抓配送环节，在大互联时代，我们的核心工作究竟该落脚在哪里呢？

在上面谈到了顶层设计的几个关键点，战略重塑是核心，管理重塑是配套，文化重塑是保证。而战略重塑又有两驾马车，一驾是找到新的业务增长点，另一驾是创新的商业模式。

大互联时代人与人之间的关系在变化，企业和渠道之间的关系在变化，企业拥有的资源在变化，所以，作为企业的核心决策人，首要着力点应该是适应新的变化，重新组织资源，构建新的商业模式，使这种模式跟上大互联时代的步伐，对市场形成新的吸引力。

企业怎样构 O2O

O2O议论很热，并且将会一直热下去。人类对完美的消费体验的追求，就犹如对成功、美食、美色、幸福的追求一样没有止境，这是一座挖不到尽头的矿藏，所以完美体验创造无可限量的商业价值。

那完美体验来源于哪里？

工业时代的一个消费特征，是把产品从企业的仓库放到超市的货架，消费者去货架上任意挑选，然后排队结账，装入后备箱拉回家消费。

很显然，今天的年轻人已经远远不满足于这种枯燥的消费流程。他们需要的不单是产品的功能价值。犹如马斯洛的需求层次理论表达的那样，当他们的生理需求和安全需求得到基本的保障之后，他们要去需求社交、需要受到尊重，并去创造价值。

也就说我们今天要去理解的消费者，不是你把东西卖给他，他就会兴奋地接受，并把你的产品长久地使用下去。他们需要你为他们创造更多的理由来选择你。而这些理由，就是你要为他们融合互联网体验而创造一个他们能参与的环境，这就是我们的企业为其社群创造的O2O。

未来的O2O，需要我们的企业因需而变，至少要在以下两个方面做出改变：

所有的企业都是服务业

第一产业是农业，第二产业是工业，第三产业是服务业。目前，我国正为提升第三产业产值比重而不懈努力。而大互联时代，已经开始逐渐模糊这一界限。所有的产业、所有的企业都会变成服务业，农业、工业制造只会变成服务业中一个微不足道的环节。就像英特尔的创始人戈登·摩尔提出的摩尔定律那样，我们的硬件将会不断降低成本，而我们的效率将会直线上升，虽然芯片的体积在越来越缩小，但同等体积创造的价值却在倍增。而真正在被人们感受到的、享受到的，是这个企业对消费需求的洞察而创造的服务。甚至推而言之，这不是传统意义上的提供服务或者享受服务，而是所有的消费者都需要一个创作平台，来让他们获得价值的满足感。而企业提供的价值，就是为他们创造一个创作的平台。小米为米粉们创造了一个创作平台，苹果为果粉们创造了一个创作平台，维基百科为他的志愿者们创造了一个创作平台。

所有的平台都是为了创造完美体验

过去我们有一个误区，线上是为了引流，线下才能体验。甚至有一个听起来貌似更有理的观点：消费者是羊，线上是鞭，线下是圈，用线上的鞭将消费者赶进线下的圈。

反思一下，如果线上没有很好的体验，你这个鞭子能管用吗？为什么一定要用线上的鞭赶进线下的圈呢？为什么线上不能创造更好的体验呢？

所以分析到底，是我们传统的工业思维割裂了我们对O2O的认知。我上面谈到了这个展望：真正的3.0时代是基于物联网、大数据和云计算的智能生活时代，也包括因为信息共享而引发的生物工程、纳米技术爆发性创新，实现了“每个个体、时刻互联、各取所需、智能互动”的状态。到这个时代，体验无所不在，物质生活和文化生活变得如此得不可分离。我们需要创造的是一个融合的平台，完美融合线上线下的体验平台。

BAT平台的应用价值探索

在大互联时代谈平台建设，一个绕不过去的话题就是BAT。就像当年超市在中国诞生一样，将中国人从农贸市场吸引进了五彩缤纷的超市，人的钱包在里面不知不觉就变空了。今天几乎在所有互联网的应用领域，都能看到BAT投资的身影，他们在为即将到来的智能时代布局。

从2011年起，互联网三大巨头BAT（百度、阿里巴巴、腾讯）纷纷开始投资并购一系列不同领域的企业，其投资并购数量之多，金额之大，领域跨度之广均是前所未见。在传统商业模式濒临被颠覆的背景之下，BAT争相在搜索、LBS（Location Based Service）、O2O、金融等领域通过资本运作展开高地抢占赛，不仅抢夺移动入口，而且通过延伸产业链的方式整合新资源以补齐短板。一者，通过技术收购将领先技术纳入囊中；再者，通过收购人才为公司输入创意和活力；三者，扩大市场份额或打击竞争对手。由于BAT分别以搜索、电商和社交见长，虽然在收购的领域和模式上会有重叠，但是最终目标毕竟各不相同，各种背后都有自己的逻辑主线，为其战略宏图挥毫泼墨。

目前，互联网线上格局已经明显，阿里巴巴和腾讯占据入口级产品和海量用户，并拥有各个移动环节完善布局，成为产业的双寡头，是生态型公司。而百度虽然也拥有入口和用户，但是在移动环节布局有缺失，是平台型公司。三者盈利模式清晰，未来布局和发展模式也有较明确的方向规划，各自的生态圈布局也渐渐明朗，所以BAT在中国互联网的地位不可轻易撼动。那么，关于它们的未来发展趋势，从历年BAT投资统计数据之中，可以窥见一斑。

百度稳中求进，完善平台策略（见图3-9）

图3-9 百度投资分布图

BAT中，百度一向低调务实，技术为重。与“二马”性格不同，李彦宏行事稳健保守，据公开资料统计，百度对外投资自2004年8月收购Hao123起，共累计完成18项，其中仅包括了两个上市公司和两个海外公司，累计金额178亿元。相较于阿里巴巴和腾讯的风风火火地投资和公关宣传，百度可以说是大大逊色，以至于“双寡头时代”的传言似乎把百度推向边缘化的境地。然而，观看百度的投资历史，从中也能看出百度的投资思路清晰，即深知入口的重要性和布局的逻辑。特别是从2013年开始，百度围绕着移动、O2O和LBS生活服务进行投资，其意在打造移动云平台、LBS平台、金融平台及移动搜索平台四大战略平台，缔造平台型的生态企业。

纵观历年数据，百度的投资主要分为泛电商的收购和流量的收购，前者包括电子商务、生活服务和垂直门户，例如知我药妆、齐家网、旅游去哪儿；后者则包括线上视频和移动应用，例如爱奇艺和91无线。百度在慢慢补齐其短板的同时，也在构建着四大平台。PC端的第一入口是搜索引擎，作为国内最大的搜索引擎，百度有着阿里巴巴和腾讯无法轻易超越的优势。然而，在移动端，缺乏社交入口的百度不惜重金18.5亿美元收购91无线，以借其三款过亿的应用91助手、91桌面、安卓市场配合百度的应用来占据移动端的应用市场的重要位置。另外，在移动端和线上，爱奇艺与PPS的结合使得视频用户覆盖率和月度观看时长都位于行业前列。同时，百度的百度大脑、大数据等项目和百度云的推出也为移动云平台的打造和百度搜索引擎的龙头地位做了进一步的巩固。

继2013年百度1.6亿美元战略投资糯米网之后，2014年百度全资收购糯米股份标志着百度从本地服务平台过渡到构建交易闭环的LBS+O2O模式。线上和移动端，以百度地图作为O2O流量的入口，通过LBS提供周边生活服务；线下，整合糯米发展商户，以充当线下任务的载体。随着2014年4月“百度钱包”的推出，百度也正式完成了对移动生活服务平台的闭环。

到目前为止，百度的海外投资也仅仅是以980万美元和379万美元入股了日本电商RakuBai和美国移动通信技术公司6DXchange。但是，百度葡萄牙语版搜索和其整合的产品线在巴西正式上线，算是国际上动作的一大步。强大的技术支持，使得百度无需收购各类软件技术公司。预测百度今后会继续以电商和流量收购为主，另外，对腾讯的主业游戏类可以有所涉猎，以防腾讯反攻。

阿里巴巴收购心切，着眼虚拟社会（见图3-10）

图3-10 阿里巴巴投资分布图

马云在2014年9月6日《致信投资者》中有这样一段话："阿里巴巴的使命决定了公司不会成为一家商业帝国。我们坚信只有打造一个开放、协同、繁荣的商业生态系统，令生态系统的成员有能力充分参与其中，这样才能真正帮助到我们的客户，也就是小微企业和消费者。作为这一生态系统的运营者和服务者，我们倾注了我们所有的心血、时间和精力，用以保障和推动这个生态系统及其参与者更加蓬勃发展。我们取得成功的唯一方法是让我们的客户，我们的合作伙伴成功。"

电商巨头阿里巴巴在完成电商业务为主的垂直业务生态体系（即以电商、物流、支付为核心的布局）之后，着手搭建虚拟社会，这个虚拟社会初期就是现在马云所提到的“商业生态系统”。在这个虚拟社会中，通过对用户商业数据等大数据的掌握，将日常的一切可以留下行为数据的活动，如衣食住行、商业、社交、教育等都进行线上和线下的结合，从而建立起一个从用户出发满足各种需求的智能社会体系。然而，为了达到这个目的，仅仅依靠电商是不现实的。于是，阿里巴巴成为行业中最迫切的收购者，为其蓝图开疆拓土。新财富统计显示，仅2014年上半年，阿里集团就豪掷455亿元，接连进行了18次并购。

在这个虚拟社会的大目标之下，阿里巴巴近期投资的意图就得以解读。为布局完善的电商产业闭环，和弥补移动互联短板，同时占据地图行业入口，阿里对各大物流、移动端搜索平台UC和高德地图的投资意图显而易见。然而，除了线上电商和生活服务类进行O2O和LBS线上和线下的融合，看似与互联网无关的文化中国和恒大足球，恰恰是文化娱乐消费的社会组成部分，对一些媒体的入股也是出于这个考虑。另外，与中信在药品识别码系统的合作，和对VIPABC的投资，也能看出阿里巴巴开始在健康和教育领域发力。目光长远的阿里投资了银泰作为构建O2O商业基础设施体系，收购恒生电子、中信21世纪、文化中国、华数传媒大概也有另外的远见卓识，即对其持有的稀有牌照：金融、医药电商、视频和互联网电视牌照有所思量。

在以阿里云和数据开放策略为支持的前提下，通过整合内部收购的资源和继续对与人民生活密切相关的各个领域的投资并购，由此可以推测阿里巴巴将为客户提供更加多元化和定制化的服务。利用其数据核心战略布局，将虚拟与现实结合起来，或许超越O2O模式，基于大数据的物联网的序幕将由此揭开。

腾讯布局广泛，打造社交媒体生态圈（见图3-11）

图3-11 腾讯投资分布图

比起百度和阿里巴巴，以社交软件起家的腾讯，在移动互联网时代可谓拥有得天独厚的优势。移动社交媒体第一顺位的腾讯以微信为中心，加速移动互联的发展的同时，还开拓了移动游戏、支付、理财、电商和生活服务等多个领域，打造以社交媒体为核心的生态圈体系。

腾讯凭借着微信在移动端的海量入口和微信支付的闭环，延展到生活各个使用场景，为O2O发展打下基础。一路走来，腾讯由2009年前的集中在游戏和电信增值的5个细分行业到现在23个细分行业，由此腾讯覆盖全互联网的布局企图得以体现。除了对游戏类的一贯坚持，在电商和移动端也加大了布局力度。2014年3月对京东的入股，以结盟方式剥离本身的电商物流这些不擅长的业务的同时，为京东提供微信和QQ移动端的一级入口，扶植有实力的盟友完成对竞争对手的出击。这样一来，电商这一生活使用场景在微信平台得到了很好的体现，使微信成为更高级的平台。这种将自身短板业务以注资方式拉拢同盟的策略，在腾讯与搜狗的合作也有所体现。腾讯的投资特点，是站在产业链协调的角度，从竞争到结盟，用短板换优势，生态级巨头整合特色型公司，以达到强强联合，集点成网，扩大生态圈外围。

在这个大互联时代，内容和应用服务是其增量市场，而这两部分主要在于移动游戏和O2O闭环的各环节。所以，腾讯对游戏的矢志不渝，使其在内容上占得先机，对电商和网络技术的收购仍然会是腾讯未来投资和扩张的重点，为其服务应用的丰富和未来在互联网旅游、互联网地产、互联网金融、互联网汽车、互联网医疗五大领域整合移动社交做好铺垫。

今天传统企业对于BAT的应用，大多局限在百度的竞价搜索，阿里巴巴的淘宝和天猫，腾讯的微信。当我们翻开他们的收购地图，他们为我们构建的是另一个商业世界。他们在新的商业世界布好了入口，等待着我们的消费者和企业伙伴。

如果单从互联网时代来看，BAT就变成了整个网络世界的一个缩影。而如果我们拉长焦距，他们只是大互联时代的一种探索。传统产业与互联网的融合才刚刚开始，未来的BAT一定产生在传统产业与互联网融合的企业，因为还有很多的体验需要在人与人直接的接触、直接沟通来完成，包括餐饮、医疗、保健、娱乐等等，对于极致产品、完美体验的追求，人们的需求是没有止境的。今天的BAT犹如在互联网的冰川上撕开了一道裂缝，通过这道裂缝，可以看到大互联时代美好的未来。而搭着BAT这艘船的足迹，我们能够更快地融入到大互联的浪潮中。

第四章

餐饮行业大互联营销

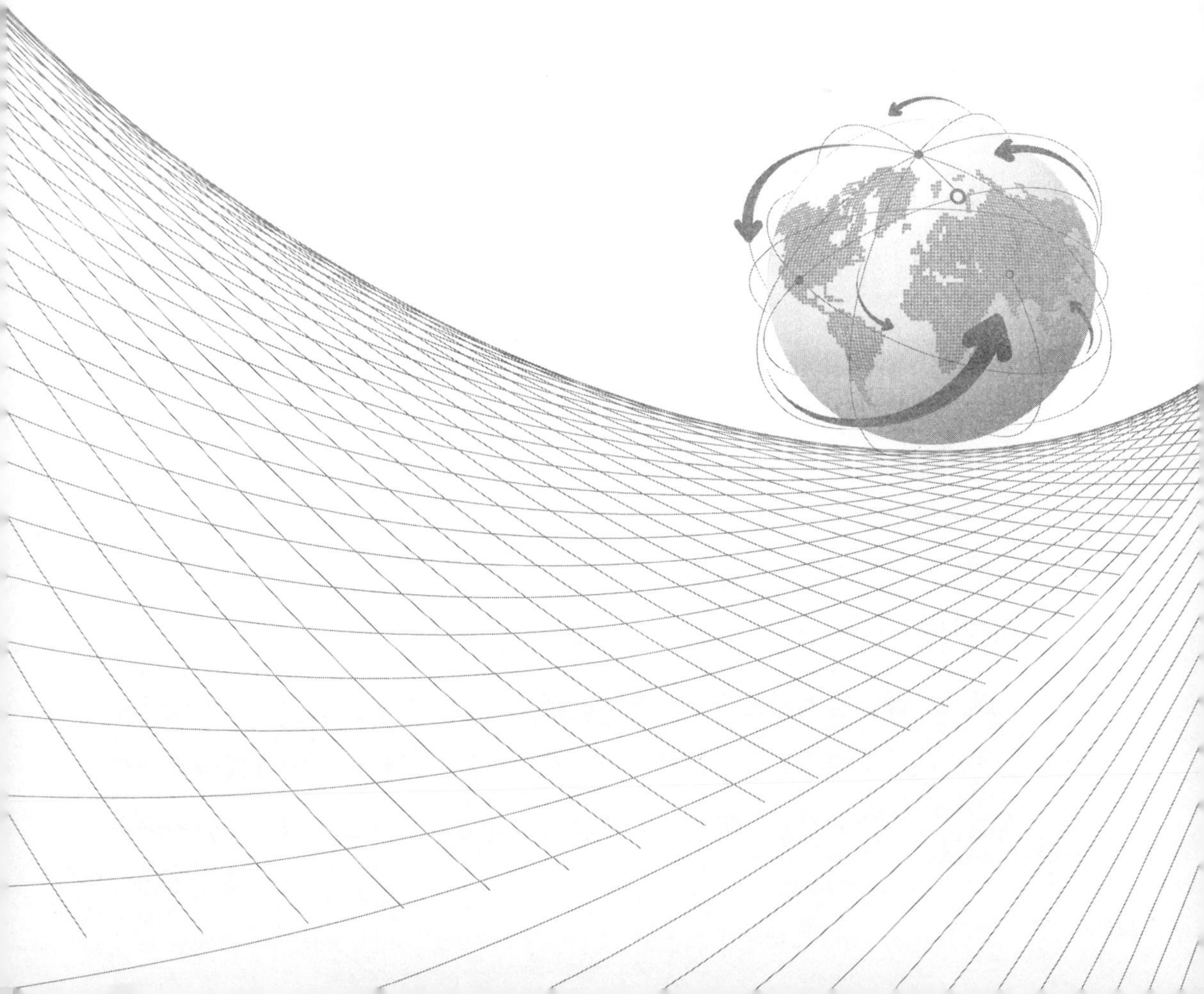

一、大互联时代餐饮特征

中国餐饮发展的三个阶段

人类对“吃”的追求步伐，从未停止。中国是饮食文化最古老的国度，上下五千年文明历史，为人类精神文明奠定了厚实的基础，同时对世界物质文明的进步也贡献了浩大业绩。

中国人民对“吃”是最讲究的民族，美味佳肴数不胜数。伴随世界、国家经济、科技水平日益高速发展，民族对“饮食”在精神、物质两层面的追求也随之趋高，味蕾更加挑剔。据预测，2015年中国餐饮业销售总额将达到3.7万亿元，占预期社会消费品零售总额30万亿元的十分之一以上。

3.7万亿元人民币的市场容量，按照黄太吉创始人赫畅所言，仅占其千分之一、万分之一便很不得了。就会产生无数个“赫畅”！

中国餐饮业的发展历经了三个时代的漫长演变。而今正迈向更高规模、更高品质的生态发展。

第一阶段：家庭作坊式时代

新中国成立以前，大家主要以自给自足的生活方式解决温饱问题。只有富足人家才上馆子。而家境贫寒者，仅当特殊日子方上一次馆子。

该时期，厨师决定命运！饭馆命运完全掌握在厨师手里，对厨师的依赖性甚高！过去，餐馆也因厨艺精湛的厨师而诞生，厨艺水平完全决定饭馆经营水平，厨艺高低决定饭店星级。厨师的厨艺及老板的身份地位决定着饭店品牌知名度高低。受到地域空间的限制，其品牌传播速度非常低，可以方圆数千米半径计。菜品也主要以当地食材原料为开发对象，整体种类少。

家庭式餐饮期，食材采购也异常简单，且成本低，一般的集市便能解决饭店的需求。上等饭店，以特供为主。员工工资水平也整体非常低，且以家族背景居多。

第二阶段：厨房工业化时代

改革开放后，自耕自足的平衡逐渐被各种外来文化打破。政治、经济、文化、教育、科技、医疗、卫生、军事，乃至我们的饮食也随之被颠覆。

西方文化、科技等走进大陆，生产力得到提高，社会剩余价值逐日增加，人民生活水平逐渐增加，人们饮食支出消费额度占总生活消费品的比例也逐步减小（见图4-1）。

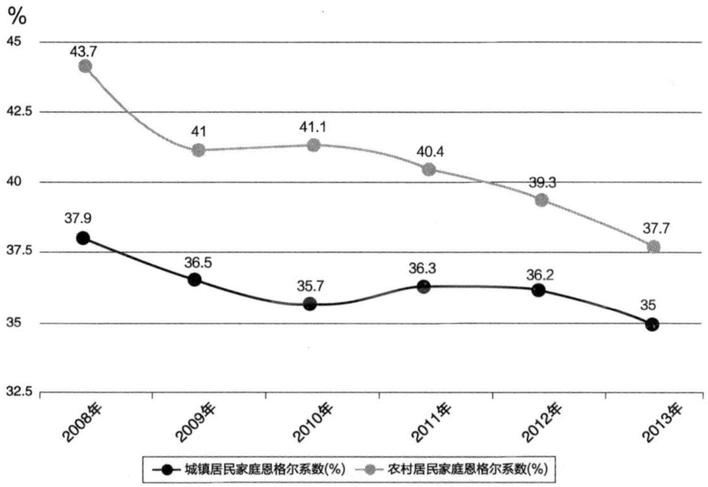

图4-1 人们饮食支出消费额度比例图

恩格尔系数=食品支出总额/生活支出总额*100%

过去仅“富人”进馆子的历史被重写，而今进馆子已成大众的家常便饭，对于部分离家务工者甚至每天皆在馆子解决吃饭问题。3.7万亿元人民币的餐饮市场规模由此而生（见图4-2）。

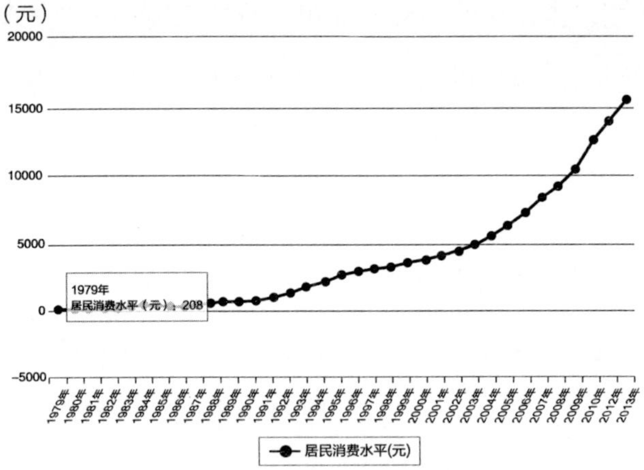

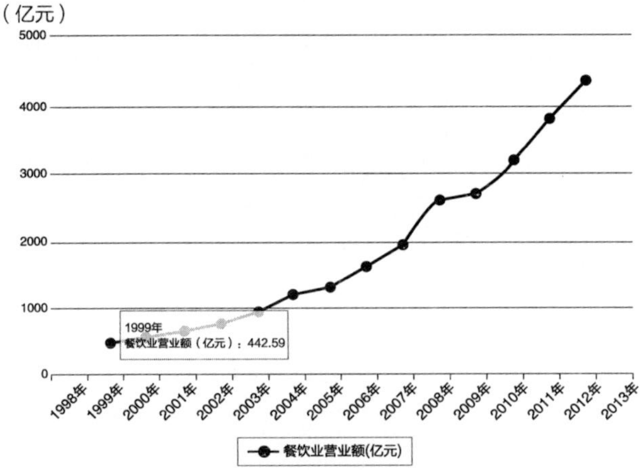

图4-2 人们饮食支出消费增长图

餐饮业的生产关系也随着市场需求发生改变，过往家庭作坊式的业态已经不能满足新时代的需求。进而，餐饮工业化时代应运而生。

20世纪80年代以肯德基、麦当劳为代表的西式快餐品牌进入中国市场，开辟了中国餐饮的全新生态环境。此举为我国经济发展带来巨大改变，特别是中国餐饮企业向标准化、工业化、连锁化等先进的生产和经营理念发展道路铺下了夯实的基础。类似海底捞、真功夫等本土餐饮企业当属该时期的产物。为此，大量外出务工人员基本的用餐问题得以解决，人们日益提高的消费需求得到满足，最后促使大量餐饮从业者从中获得可观利润。

该时期，经济发展拉动了社会信息技术、交通运输的发展，为餐饮工业化发展奠定了基础。各行各业纷纷进入从原始发展到工业发展过渡时期，其中城市成为社会经济发展的主要动力，也成为中国餐饮业蓬勃发展的主要引擎。

来自不同地区的人们因为共同的城市梦想来到不同级别的城市，参与城市的建设。1000万、500万、300万等人口级别的大城市，如雨后春笋般在中华大地拔地而起！

为了满足数以亿计人口就餐问题，不同档次、大小、口味的餐馆如蝌蚪般的生命力，繁衍，壮大。

其中发展最迅速的餐饮业态当属西式快餐连锁企业，其次是中国本土餐饮企业。西式快餐增长最为快速的当属2006年到2011年，从36037家增长到48477家。餐饮投资、从事餐饮业的企业总数也不断增加，在过去近13年里，我国平均每天就有4.2家新餐饮企业成立（见图4–3）。

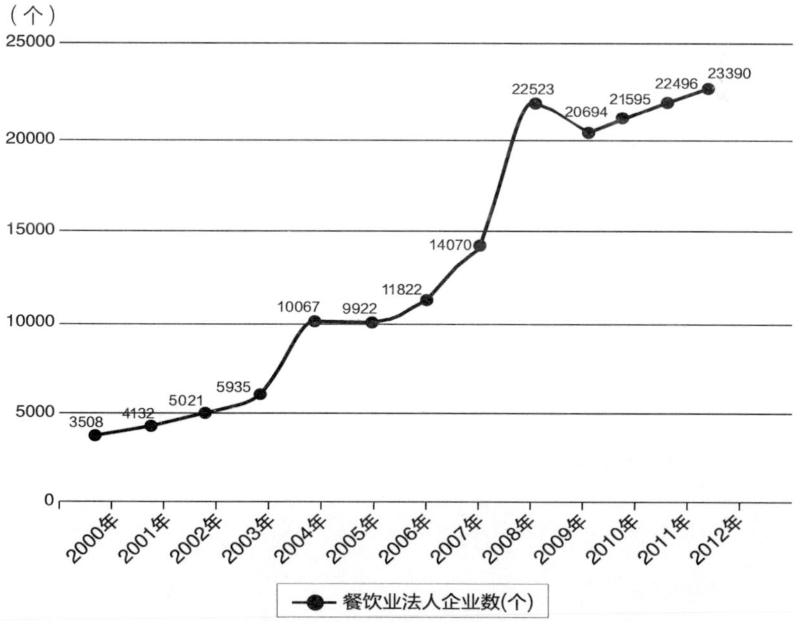

图4–3 餐饮业增长趋势图

厨房工业化时代的典型特征是餐饮的标准化。计量、工艺摆脱过去家庭作坊时代大厨的局限，通过标准化操作，实现无限的扩张。

通过标准化操作，不少餐饮企业建立起了中央厨房，实现区域的快速配送。餐饮企业也因为这次供应链的革命，摆脱了家庭作坊时代脏乱差的消费印象，步入了主流商业时代。

第三阶段：厨房后工业化时代

所谓的后工业化时代，是相对工业化而言，后者满足的是基本需求，前者是随着社会生活水平更高台阶发展而产生，其核心是高效率和高品质。不仅让大众有可选的餐馆，更重要的是其“品质”好，归言之：后者强调数量，前者强调质量。

餐饮后工业化时代企业具备以下特征：

特征一：注重消费体验的创造

以往的工业化时代实现了集成化的生产，机器一定程度上解放了人力，可以说生产的是一种“冰冷的”工业品，是单纯意义上工业品的消费；后工业时代是一个以消费者为中心，注重消费体验创造的时代，实现的是个性化但又不乏共性的生产，产品更具人格精神与特质，也更加人性化，更多关注的是消费体验。比如速冻食品厂向餐饮供应包子，过去消费者更多是关注个头大小，分量是否足；现在从速冻食品厂到餐饮都关注口感是否如现蒸包子一样新鲜，速冻到什么程度口感更好，包子个头做到多大适宜于快速蒸熟等等。

特征二：注重消费多元化诉求

在餐饮工业化时代，餐饮和工厂都要求规模效益，大批量的需求形成大批量的采购，口味的差异性不大。

而今，人们的味蕾挑剔起来。去迎合消费者的胃口，从而形成自己的格调，变成餐饮企业定位上的主要功夫。

过去，生产什么吃什么！此局势，不复存在。

用官方语言表达，即人们过上小康生活了，“我”需要什么，“我”就买什么。

特征三：注重产业链可视化塑造

家庭式作坊，能够满足中华儿女五千年发展需求，其背后诸多原因中，包括经济、实惠、健康，及受历史物质、精神文明影响所致。就此缘故，天策行认为核心原因是“健康”，因为健康而繁衍至今。同时家庭式作坊也将是，中国餐饮业乃是世界餐饮业最终回归的模式。而工业化，将是推动此模式演变的主要动力。

而今我国社会，对物质需求日益膨胀，部分严重者趁热打铁，利用非法手段生产有毒、有害的产品牟利。在餐饮业主要以利用地沟油、各种激素、转基因食品等等非正常手段、非安全的手段生产食品，牟取利益，满足日益膨胀的需求。

但，信息技术推动世界进程趋近水平化的同时也将类似不利于人类健康生活的诸多恶劣手段、企业公之于众，一方面遏制了恶念企业老板继续行使恶行，促使全社会、政府对企业行为的集体监督；另一方面，增加了大家对消费常识的普及，更趋向于理性消费，购买放心、安心、舒心的产品。

做到安全、健康、放心，能够让消费者相信，唯一的办法便是让消费者能看得见、摸得着产品从无到有的整个过程。实现该过程则需要企业严格按照可视化产业链战略布局出发，方可实现可持续发展。

当前物联网技术的成熟，让产业链可视化成为现实。通过物联网、视频识别、二维码、GPS等技术便可对餐桌上的食品建立全过程的可追溯系统，只要扫描身份证就可以实现全程跟踪食物的发源地、生长状况，加工、配送，再到餐馆的制作全过程，实现从产业链上游到下游的把控以及生产信息的数字化、公开化、透明化。

大互联时代，餐饮业态具体变化

消费者变化

无论现在还是未来，企业之间的竞争已经从过去单维竞争演变为多维度，多系统的竞争格局。企业的核心竞争力也从过去单一竞争力，发展成为系统竞争力！而消费者，是整个系统运行的主轴。

所有行业业态都伴随消费者地位的变化而变化。而今，消费者主权时代到来，餐饮企业的每个环节都必须以其作为企业发展的首要目标，以及最终目标。企业对此必须有充分准备，应对全新消费价值诉求所带来的挑战。

消费者主权时代到来，意味着人们就餐的“本性”将完全释放，挑剔无比，永远选择能让自己最爽的饭店！过去，货比三家，现在是货比二十家。

今天，用餐的目的性非常强烈。过去，因为周边的饭店水准都差不多，大多选择先将就着；而今，用脚能尝到的不能满足味蕾，则会利用别人的脚、别人的嘴，寻找心中的佳肴。稍近，步行；稍远，则驱车前往，可谓不择手段。

基友、情侣之间聚会，则会选择情调富裕，吃完、喝完，哥俩、姐俩、小两口还会一起看部电影。几个友谊甚深的朋友，不管会不会喝酒都会选择人多的地方，能够高谈阔论，无需诸多顾忌。家人之间的聚会则不太一样，需选择比较温馨的环境，且小孩容易照顾，安全……

数亿人的需求，虽无法一一归类，但人们行为选择的动机总是被社会环境所左右，且是个别乃至一个群体的缩影。

目的性，成为消费者用餐择店的首因。其中“择”，学问很大。不同消费层级但有共同目的性的用户，择店要求不同，中高低各不一样；相同消费层级，目的性相同的用户，所择店也不尽相同，其中产品特点、服务特点、便利性、商圈文化、用户评价等成为择店的系统因素……

消费主权时代，简而言之：消费者需要的越多越好，反之不见为佳。事无巨细，点滴见功夫。事事以消费者身份要求自己，如果自己能满意，客户可能满意；如果自己不能满意，则一定不允许其发生。

员工的变化

消费主权时代，餐饮业能够满足消费者价值的产品，除了菜品本身，其次当属饭店的无形产品——服务，来自服务员与用户之间沟通交流中流露出来的无形产品。

人永远是第一生产力，源此，员工的重要性，勿需多言。

大互联时代，餐饮企业员工有何改变？

餐饮业人员流动性非常大！其原因很多。目前从业人员主要以85后居多，且部分大多是独生子女，整体知识水平有所提高，家庭环境相对宽松，整体吃苦耐劳的精神下滑，同时可供选择工种增加。员工生活成本较高，但是工资整体水平低下，且内部管理水平参差不齐，用餐人员素质高低不一。

其中工资水平和用餐人员素质高低是造成人员流动性大的主要原因。而物质需求的提升算其次，最根本源于员工精神价值伴随社会文明整体，社会公平性价值诉求成为每个行业每个人共同诉求。

餐饮业从业人员也不例外。在中国餐饮业，员工一直处在非常尴尬的地位。目前人们整体的生活水平都在提高，对个人的需求从过去温饱层面上升到人生价值层面。但是，目前社会对餐饮业其职位能力的认可度非常低，这造成众多员工的价值无法得到体现，员工劳动得不到尊重。

当然渴望得到尊重的诉求，生而有之，过去条件不允许餐饮从业人员声张，而今环境赋予他们渴望得到尊重且当不能满足时，不再选择沉默而是选择面对和解决，具体表现则最可能是离职或与顾客冲突！

怎么留住员工成为整个行业共同面临的老大难问题。怎么能留住员工和怎么留住顾客，其中有共性。如习总书记访韩国时所言，以利相交，利尽则散；以势相交，势去则倾；惟以心相交，方成其久远。经营企业也如此，只有当双方以心相待，方能长处。要员工把顾客当上帝，需企业把员工当上帝看待。海底捞企业对员工的照顾可谓整个服务业的榜样，小到员工的饮食起居，大到员工的家人。行业从业人员普遍未得到顾客认可，而在海底捞，员工得到前所未有的重视，大家以亲人对待彼此，同样像亲人一样对待顾客，如此循环下去，企业的凝聚力、向心力无不令人心生敬畏。无论时代怎么演变，人与人之间相处永远靠彼此之间真诚与信任。

产品变化

餐饮行业很特殊，其产品仅会随着历史的沉淀、发掘而增多，无论科技怎么进化，人们的舌尖丝毫不会随之动摇，相反更加捍卫舌尖对“色香味”殊荣，追逐更加丰满、古远、独特的美食。

要说产品伴随时代变化发生的变化，需从行业环境维度分析。

目前餐饮行业产品同质化异常严重。主要体现在菜品上，现在各大餐饮品牌主要以地方特色菜系或者以鲁、川、粤、苏、湘、徽等名菜系为主打产品。同时火锅、面包甜点、外国菜系（如东南亚，日韩料理）等新菜系也迅速发展。但是，随着餐饮店数量不断增加，菜系之间的竞争强度逐渐深化。伴随中国几千年饮食文化的发展，消费者饮食需求逐渐多元化的影响，单一、老化的菜系已不能满足市场需求。

一项关于北京餐饮行业调研的数据显示，北京菜、川菜、火锅、面包甜点等受消费者欢迎程度较之粤菜、江浙菜、茶餐厅、自助餐、韩国料理、日本料理餐厅等新式餐饮店相对较低。在北京各大菜系餐厅中，海鲜、素菜、鲁菜、火锅、西北菜、云南菜餐厅的倒闭率相对较高；粤菜、江浙菜、茶餐厅、自助餐、韩国料理、日本料理餐厅的倒闭率则相对较低。可见，当今餐饮市场在菜系之间的竞争已经相当集中。

在接下来的行业竞争格局中，在产品层面上将出现主要菜系继续发力，同时新兴菜系也将逐步进入行业舞台。未来餐饮角逐者需要从边缘市场寻找突破点，以消费者的味蕾为导向，深入挖掘潜在的能够刺激消费者味蕾的特色菜品，同时在已有的菜系中不断创新。创新的同时，互联网媒体所引导的饮食潮流，也是当前餐饮企业必须时刻深入关注的一点。2014年，记录片《舌尖上的中国》展现了不少尚未被社会发掘的美食，而一经媒体曝光，便引起一阵阵消费热潮。

品牌变化

伴随大互联时代的崛起，餐饮品牌发展的变化巨大。

首先表现在品牌传播范围和力度，与以往相比产生了颠覆性变化。过去是一店仅能影响一隅，更大的能影响一城；而今一店能影响数亿人。

其次是品牌传播方式也发生很大的变化，过去大家是朋友之间口口相传；而今，仅需手指功夫便能实现其功效，消费前，用户仅需前往餐饮品牌相关网络平台便能了解到品牌价值高低情况，消费中是对售前获得的品牌价值期望的验证，消费后，用户同样通过相应点评平台对售前售中之间品牌价值期望值高低进行评价。

再次，餐饮品牌价值定位也发生了巨大变化。主要表现在品牌价值多元化和人性化。目前被炒得风生水起的有“黄太吉煎饼果子，西少爷肉夹馍，雕爷牛腩”等，它们都有一个共性即伴随互联网而崛起，被大家熟知。背后是经营者对大互联社会潮流中人们对饮食文化及其人生价值追求的把控和引导。他们深谙伴随互联成长的人群的生活习性及价值诉求，对互联网媒体的传播属性也了如手掌。一种追求个性、极致、完美的人生价值便被融入品牌文化，进而被追随，热捧。

追求个性、极致、完美是当前主流消费人群共同的价值主张，但是其载体不一而同。其价值非其独有，能够被融合进不同的产品、品牌之中，小到一家商务咖啡厅、十家规模鲍鱼餐厅等等。核心在于，品牌的价值主张与其载体两者之间能否达到平衡，且后者必须有非常坚固的基石，否则会被前者压倒，败落。

中国餐饮文化博大精深，伴随互联网而崛起的主流消费者文化与源远流长的餐饮本来具有的历史文化相融合，将成为未来餐饮企业品牌差异化定位的核心出发点。

以“淮军文化”为主题的酒楼的例子必须说说，值得借鉴学习。该酒楼将淮军历史文化融进了餐馆的各个环节。包厢以淮军名人名字命名，如李鸿章厅、刘铭传厅等，包厢内均悬挂淮军人物的照片和简介。同时，在主要特色菜系上还以淮军名人命名，如“李鸿章大杂烩”“刘铭传烧肘子”“潘鼎新老鹅煲”“合肥大年汤”等。

商业模式变化

今天不仅品牌定位出现多元化，商业模式也出现多元化发展势头。

过去餐饮行业最常见的商业模式是自营、特许加盟、连锁等。而今，在此基础上伴随互联网发展而诞生出众筹、众智、O2O等。

众筹模式趣味性很强，同时风险低。往往一伙志同道合的朋友因其中一人想开家餐饮企业，大家争相应和，众人共同拥有的餐饮企业便由此诞生。其成功的概率往往比较低，因为人多心杂。解决的唯一办法：万众一心。

众智商业模式，是联合众多潜在用户、准用户，间接利益关系、非间接关系人员参与到企业的经营活动中来，发挥大家的智慧共同为企业发展出谋划策。

在此笔者大胆预测未来最富有竞争力的商业模式：联合企业上下游产业伙伴，及消费者共同参与到企业经营中来，共同负盈亏。如此，不但解决了商家之间的不信任和成本控制、品控等问题，还能获得消费者。

国外餐饮O2O模式探索

餐饮行业是O2O渗透率较高和波及范围最广的行业。2012年中国餐饮O2O在线用户规模为0.98亿人，相比2011年大幅增长58.1%。未来几年，随着网民规模的扩大，网上消费习惯的逐渐养成，网络购买和预订更加高效、便捷，以及互联网巨头的推动，中国餐饮O2O在线用户规模将继续保持较快增长，预计到2015年将超过2亿人。

下文就国外涌现的O2O的餐饮公司进行简单总结，供借鉴学习。

Sprig:订餐提醒服务功能

基于Uber模式的Sprig承诺15分钟内便可吃到主厨定制的晚餐，Sprig主打外卖订餐，主要提供晚餐的配送服务，每天只提供三种搭配好晚餐供消费者选择，通过点击该网站的图片还会出现相应的文字介绍，显示制作的食材以及酱料，每份12美元。

用户在进行注册时提交自己的银行卡号用于自动支付，省去每次订餐时支付的麻烦。

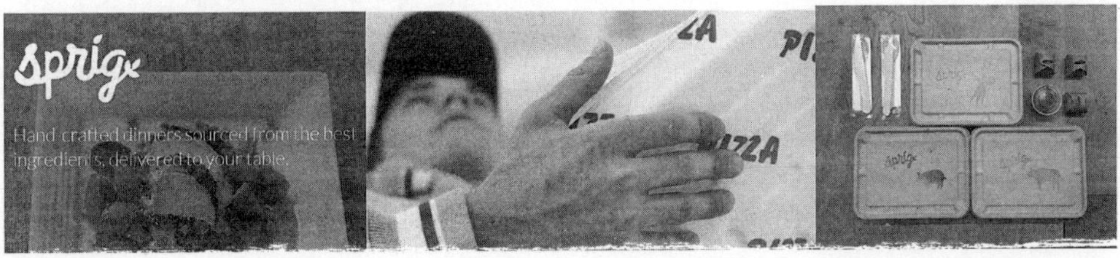

Sprig的一大亮点是用户端具有订餐提醒功能，用户可以根据自己的用餐需求在规定的时间段内设置好订餐提醒时间，比如，用户想在5:30的时候订餐，只需提前设置好用户订餐提醒，到5:30的时候就会自动提醒消费者订餐。这就避免了消费者在感到十分饥饿的时候才想起来订餐，忍受着饥饿等待晚餐的送达，这就优化了整个订餐服务的流程，为用户带来了良好的订餐服务体验。

Sprig有以下几点值得学习：

（1）了解用户需求。Sprig的创始人Gagan Biyani在初期做了大量的用户访谈、改善包装设计的工作。通过用户访谈深入了解用户的需求，了解用户在订餐时喜欢什么样的食物，使其从包装到食材看起来更加绿色、天然、有机。

（2）采用Uber商业模式。Uber模式最大的优势在于提供精准的预计送达时间，这就为在短时间内配送餐点提供了极大的优势。

（3）简化点餐和支付流程。每天只提供三种搭配好的晚餐供消费者选择，更加专业也便于实现快速配餐。

（4）具有订餐提醒功能，在点餐之前就开始优化用户体验。

DoorDash：食材和制作过程透明化

DoorDash主要为用户提供外卖预定、快送到家服务。消费者在DoorDash网站选择好菜单支付完成后，餐厅的厨房便会有Ipad实时显示食材的准备过程，消费者就会通过另一端观看到食材的制作过程，将厨房及制作过程透明化，让消费者吃得更加放心。

DoorDash有哪些值得国内餐饮学习的地方？一是DoorDash也学习Uber商业

模式，整合线上与线下资源。二是厨房制作过程透明化、公开化，赢得消费者的信任。还可以同步教用户做菜的手艺，一举两得。

Plated: 提供附有菜谱的食材预定服务

Plated是一家主打菜谱及原材料按期订购服务的网站，用户可以每周支付费用，然后就会收到按适当的数量比例、营养健康搭配好的食材及相关菜谱，每周都有7款菜可选，4荤3素，并每周为用户提供上门服务。Plated比较受几类人的欢迎：一是“懒人”和生活节奏比较快的上班族；二是不会做菜的“菜鸟”一族，因为Plated附有大厨研发的菜谱。

Plated为消费者提供附有菜谱的食材并提供上门服务，一是省去了每天买菜的麻烦，节省了时间；二是食材都是按适当的数量比例、营养健康标准搭配好，更加科学、合理、健康；三是附有菜谱，解决了消费者不会做菜或者一日三餐单调乏味的烦恼，让消费者的饮食更加丰富多样、营养均衡；四是统一购买，按周支付，更加省心，省去了每天都要订购的麻烦。按数量比例及营养健康搭配食材、附有菜谱、按周支付等这些处处为用户考虑的细节之处非常值得国内的餐饮企业及生鲜电商借鉴与学习。从细节之处来提高用户体验。

Caviar：送餐服务提供GPS定位

Caviar主要提供餐馆在线订餐服务，主要提供的是团体订餐的服务，如一个团体的订餐，一个公司的订餐，一个家庭的订餐。该网站的宗旨是利用最新互联网技术，让用户在家里或是在公司，享受到所在城市一流餐馆的美食。它最大的特点就是可以对送餐服务提供GPS定位，吃货们可以随时查看餐点送达的进度，了解到美食具体到达的位置。目前，这家公司的订餐服务已经拓展到美国多个城市。

科技让送餐更加与众不同，用GPS对送餐进行定位，不但好玩、有趣，还可以随时获取送餐进度的信息，整个送餐过程实现全程可追踪。国内餐饮企业也应当充分挖掘消费者的潜在需求，运用科学技术为消费者提供更加细致、周到的订餐体验。

未来我国餐饮也正朝着标准化、自主化、移动化、多样化、体验化的方向发展。从国外餐饮的商业模式中我们也可以看出，未来廉价、快速、营养健康、美味的餐饮外卖服务将成为一个利润颇为丰厚的市场。同时，国内餐饮急需提高整体配送服务的质量和水平。国内O2O模式整体服务水平低，配送质量不高，配送团队整体实力较差，缺少专业的配送团队。

二、小而美的快餐连锁

大餐饮时代一去不复返，小而美的餐饮时代到来

国家八项规定，六项禁令政策和规定的出台，高端餐饮从此遭遇市场极寒。

据中烹协公布的数据显示，2013年餐饮百强企业的盈利能力处于近几年的最差状况。在“厉行节约”“八项规定”政策的影响下，百强企业平均单店收入、平均每平劳效都比上年降低，降幅分别为12.9%、9.0%。2013年餐饮百强平均净利润率仅为4.1%，比2012年跌落3.62个百分点，情况不容乐观。

2013年湘鄂情亏损5.64亿元，利润同比减少788.86%。2014年6月公司将全资子公司河南湘鄂情投资管理有限公司100%股权及相关债权以8000万元价格转让，由此逐步剥离餐饮业务。

俏江南的日子也难过，在团购平台随处可见原价908元的双人套餐降至198元，价值1234元的四人餐也降至不及300元。俏江南已宣布转型，向大众市场进

攻，甚至推出盒饭业务。

俏江南、湘鄂情仅是万万家餐饮企业亏损的一个缩影。物竞优存！历史便是如此残忍。不是战略、产品、品牌定位等问题淘汰了他们，而是时代革了他们的命，时代不允许他们存在。

大佬们在时代面前虽愕然倒下，但是餐饮行业巨大的市场规模仍在不断壮大。高大上的餐饮时代毅然销魂，小而美的时代已经开启。

为什么要做“小而美”

经营成本不断飙升

餐饮行业成本压力高攀，已成行业共识。不但面临着原材料、能源、人工费用、房租价格不断攀升、利润不断下跌、用工荒形势严峻，还承担着食品安全、健康重大责任，诸多种种背后是不断增加的经济负担。

“泛90后”消费势力的崛起

泛90后，指1985—1995年阶段出生人群。“泛90后”占全国总体人口比率为17%。虽然，今天城镇“泛90后”的消费对于整体消费市场的贡献度仅为15%，但到2020年这一占比将升至35%，可见泛90后将成为社会经济内需扩增中不可忽视、承上启下的中流砥柱！

他们独而不孤，追求品质生活，追求深度自我，愿意为自己喜欢的事物付出努力！全新的生活环境，造就今天他们独特的生活方式和消费习惯。他们的思维方式、消费需求、消费习惯与品牌心理与上一代大为不同。在他们眼里只有“喜欢”和“不喜欢”的区别。他们在享受产品价值本身的同时，对其附加的情感价值诉求也逐日增加。

船小好调头

远古，恐龙灭绝了，但是蜘蛛、蚂蚁等“袖珍”物种幸存了下来。

同理，经济危机来临时，首先波及的是重量级的大企业，大企业通常船大不好调头。而“小而精”的企业在遇到困难时往往反映得更加敏捷和灵活，能在最快存活时间内找到解决方案。

此“小”，并非企业规模小、餐馆面积小，而是强调企业在面对全新经济格局下，亟需一种高度灵活的经营模式来迎接挑战，主要体现在企业管理层级、产业链条长度等环节；强调企业经营文化要迎合未来主流消费群体所追求“小而美”的生活态度。

“小而美”的餐饮连锁如何做

如何做到“小”

“小”并不是单纯的表面意义上餐馆面积的缩小，而是企业运营系统的简化，细分市场的精准定位。

企业运营系统的简化，包括企业财务、管理、营销、采购等环节，在餐饮业比较繁杂的系统属于中央厨房和供应链两个环节，针对这两个环节，企业需要严格以品质和成本为衡量标准，进而以其作为企业系统各环节加减的依据。

目标市场精准定位，才能更加专注该人群所需所求。只有小才能反应敏捷、随机应变，可以发挥自身优势，扬长避短，为用户提供更加极致的用户体验，因小而美。

如何做到“美”

注重用户体验

“美”就是要注重用户体验，让用户为之感动，追求极致产品与完美消费体验。用户体验是以用户需求为基础的，我们首先要明确消费者，从订餐到就餐再到用餐结束后，每个阶段的不同需求，从细节之处打动消费者。不但要为顾客提供优质的产品还要为顾客提供个性化的服务。比如为客人提供瓜子和棋牌以供消遣，以打发排队时无聊的时间；在客人用餐的时候提供眼镜布、头绳、婴儿座椅等。

以人为本

《弟子规》上讲：凡是人，皆需爱！

没错，爱就是美最好的表达方式，也是以人为本的最高境界。

以人为本，是从工业化、标准化到人性化、个性化的回归。以人为本不仅仅表现在对顾客服务的高度，同时也是关怀企业员工发展的至高境界。

国外餐厅服务方法值得我们学习。一般情况下，国外餐厅的服务员从来不会主动去打扰顾客用餐，但是又在顾客有需要的时候及时提供周到热情的服务，整个用餐体验让人感觉到非常的舒适。

小入口，大服务

所谓的小入口，大服务，主要体现在软硬性服务上。

海底捞在该领域已取得了巨大成就。

用户可以通过移动客户端APP、微信公众账号查询门店，并可以提前定座与定餐、支付。同时，与百度合作推出海底捞直达号，使消费者能够直接进入服务区，享受到最快捷的服务。

餐饮仅是未来“大服务”的入口。未来，海底捞将要成为一个开放性的平台，为用户体验的一个入口，与其他商家、社交媒体、社交网站等展开对接，打造一个全新的生态平台。

消费者就餐完成后，移动客户端软件会推荐附近的热门影院、棋牌室、电玩城等附近好玩的娱乐场所供消费者选择，还会给消费者提供游玩攻略，如何在最短的时间到达娱乐场所，如何游玩最节省时间成本和金钱成本等，消费者就可以跳转页面进行新一轮消费的预定服务，到店后消费者便可直接进行娱乐消费，无需等待。

而且在移动端的整个体验和操作过程轻松、好玩、有趣，让消费者如置身游戏当中一般。消费者可以直观形象地观看到店内就餐情况的动画版，并可以点击操作进行座位预订、点餐等其他的服务。因此，未来的餐饮消费的结束并不意味着消费者消费的结束，而是消费的开始，餐饮将只作为一个消费的入口，在那个时候消费者将会体验到什么才是真正的极致体验。

如何做到“快”

实现餐饮的信息化管理

中央厨房的建立使中式餐饮能够快速地端上消费者的餐桌成为了可能，在大互联时代，当大数据遭遇云计算，未来餐饮的信息化管理将成为一种趋势。

餐饮的信息化管理是指从餐馆的采购、库存、厨房，到客人进入餐馆预定、接待、点菜、菜品加工上传、支付再到消费者离开餐馆，对消费者体验跟踪整个过程的一种信息化、系统化、科学化的管理。整个过程都将借助计算机的帮助。

餐饮的信息化系统可以全程跟踪一道菜从原材料、菜品加工、点菜后几分钟端上餐桌，以及被哪一类消费人群消费和菜品需不需要改进等，每个环节都有详尽的信息记录。到月底可以通过数据分析出那些是热门菜、哪些是冷门菜，可以根据数据分析的结果来调整菜品。还可以提高上菜的速度，降低上菜时的出错率。同时可以精准地计算出翻台率、人均消费状况等。整个过程实现信息化管理，降低成本，提高餐馆的工作效率，真正地做到快。消费者的用户体验度自然就会上升。

三、餐饮半成品B2C

为什么要研发B2C的餐饮半成品

餐饮B2C半成品主要是指以农产、畜禽、水产品等为主要原料，经前期处理加工后，采用速冻工艺，并在冻结状态下（产品中心温度在-18℃以下）经过冷链运输送达消费者手中的食品原料，消费者在家中只需简单加工、加热即可享用美食。

现在年轻人生活节奏非常快，偶尔嘴馋想去吃特色的小吃，但又因为路程较远，最终只能作罢；或者下班回家后既想吃顿好的但又不想在厨房里苦苦挣扎一两个小时，这时多数人可能会继续选择到附近的快餐店就餐。但是毕竟到餐馆吃饭并不能成为我们生活中的常态。到餐馆吃饭我们无法做到控盐控油，甚至对我们吃进肚子的食材也一无所知。我们既想吃得健康、美味又想省时省力，这就需要在其中寻找到一个平衡点。

餐饮半成品随着经济的发展和社会的进步应运而生，是人们工作、生活节奏加快的一种迫切需求，是人们生活方式改变的和人民生活水平提高的必然产物。餐馆使用半成品来制作菜品多是为了降低成本，提高生产效率、实现盈利；随着时代的发展，半成品现在也从餐馆转移到了大众消费者的餐桌，在家中十分钟内便可以制作出丰盛的美味大餐或者将一些地方特色小吃端上餐桌，这是对只能局限于餐馆用餐消费的一种颠覆性创新消费模式。

餐饮的半成品省去了在厨房刀光剑影的麻烦，可以使我们省时省力地吃到地方特色小吃或者美味的健康佳肴。

餐饮半成品社群品牌如何打造

互联网使得品牌和消费者之间的距离大大缩短，消费者能够更加便捷和快速地找到品牌，只要产品极具人格魅力，足够吸引人，满足消费者的需求，解决消费者的痛点，那么自然而然就会聚集起一群品牌追随者。一旦品牌社群形成，消费者与品牌之间就因情感而建立起一种牢固的关系。

解决消费痛点

品牌要提供给消费者一个有价值的利益点，利益点为消费者提供了消费的理由，解决消费者的消费痛点，无论是产品方面还是服务方面都要努力做到超出消费者的预期，让消费者形成一种良好的用户体验，餐饮的半成品使消费者能够在家中就可以方便快捷地享用美食，解决了年轻上班一族享用美食与高时间成本之间的矛盾。

倡导独特的品牌文化、价值追求及信仰

品牌所宣扬的文化、价值诉求与彰显的形象要与消费者自身价值观相符，让消费者对品牌产生一种认同感，从而与消费者产生一种情感上的共鸣，强化消费者对品牌的归属感，提高消费者对品牌的忠诚度。

餐饮半成品品牌在营造独特品牌文化、价值诉求的同时，必须将实实在在的产品力做好，让消费者实实在在享受到产品的优质。比如，在产品力打造中要充分想到消费者在购买产品所付出的时间成本、精力成本、金钱成本，最大限度给予消费者更多利益。

基于粉丝的社群经营与创新

粉丝与消费者是不同的，粉丝实现的是情感方面的维系，粉丝对产品往往有一种特殊的感情。小米手机挖掘的便是粉丝经济的价值，粉丝往往对产品具有高度的认同感。在社群时代，我们要用社群去定义用户、经营用户，挖掘基于粉丝的社群用户价值与潜在需求。餐饮的半成品满足了年轻人的消费需求，再此基础上还应当继续开掘用户未被满足的需求。

开放式的互动与交流，注重用户参与

作为现代的企业，不要以为你会永远懂得用户需求，这个时代需要的是让用户参与经营并发现用户还未被满足的需求，并且邀请用户一起参与到解决需求的过程当中去，向人人都可以参与的“众筹”模式发展，实现开放式的交流与互动。

餐饮半成品商业模式有何创新之路

所谓商业模式是指企业创造价值的基本逻辑，是企业为了实现客户价值、自身价值和社会价值的而构建的企业价值链和生态系统，从而形成独特核心竞争优势。管理大师德鲁克认为“当今企业之间的竞争不是产品的竞争，而是商业模式的竞争”。 电子商务终将得益于模式的创新。商业模式的选择将决定企业能否决胜未来。

互联网经济时代是体验经济的时代，是用户至上的时代。餐饮半成品电商商业模式的创新主要从创新用户体验方面寻求突破，充分利用互联网的及时性、碎片化、交互性等特性，不断改善和优化用户体验。让消费者感觉消费的不再是餐饮的半成品美食，而是一种独特的美食体验。

其商业模式创新重心在于，缩短企业与消费者的距离感，从消费者到产品创新参与者、品牌传播者等角色转变；加大企业与产业链上下游之间合作的深度，加强彼此信任度、责任感，精诚协作，共同以生产出优质产品为目标。

餐饮半成品如何塑造用户价值

如果你要想让远来的客人享受一顿正宗的北京烤鸭，你会怎么办？如果你偶尔嘴馋了，想吃一碗正宗的柳州螺蛳粉，你会怎么选择？

对大多数吃货而言，会津津乐道开车一个小时，去前门的全聚德排上一个小时队，然后慢慢享用那108片烤鸭。或者坐上一阵子公交车，去红鼻子吸一阵子柳州特有的螺蛳粉的味道。当然，我相信这种骨灰级吃货不会放下追求美食的脚步，但在大互联时代，追求美食会变得越来越容易，美食会变得“懒着吃”。很多美食都可以变成半成品，让消费者参与来制作，随时随地将半成品变成一份亲手参与制作的美食。

售前战术一：打造具有互联网属性的餐饮半成品

首先，我们要明确哪些餐点适合被打造成在互联网销售的半成品，以及我们应该按照何种标准来打造互联网的餐饮半成品，我们分析需要具备以下几个特点：

一是好吃、美味，对地道的风味美食做到复制和还原。所谓地道风味，毕竟为历史所沉淀，经历了很多代人千万张嘴的考验，只有久经吃货考验的风味，也才经得住网络吃货的考验。

二是方便、快捷、操作简单。消费者只需简单加工即可食用。

三是新鲜，品质稳定，易于保存。这就对制作的工艺及技法提出了较高的要求。

北京烤鸭本来是可以搞成互联网属性的半成品，但现在好多烤鸭被做成真空装放在超市里卖，这是一种透支品牌的销售形式，所有收到这种烤鸭的人都不认为烤鸭值得再次消费。现在互联网信息的对称性如此之强，连锁的烤鸭企业为什么不能转变思路，在消费者最近的店面去为消费者准备一份原汁原味的烤鸭呢？比如一个人从北京回贵阳，找北京全聚德订烤鸭，贵阳的全聚德能否在他到达的最近店面为他准备这样一份礼物呢？

售前战术二：轻松获取产品信息

90后有句口头禅：不要让我等太久，我会不耐烦！

如果消费者用百度搜索信息，一般不会超过前3页；在天猫上买东西，男士一般也不会超过3页，女士可能会多一些，但你的产品如果出现在3页以后，成交的可能性也不大了。

我前面谈到过关于BAT应用价值的探索，今天我们传播信息，不是要去刻意考虑回避网络，而是更好地利用BAT给我们搭建的平台，高效地实现信息的对称化。你越紧密地绑定这些平台，就越能让消费者轻松获取你的产品信息。

售中战术一：极速支付体验

我们需要的是几秒钟即可完成的一种极速购买支付体验，实现“秒购”。消费者只需点击选中美食，填写好购买的数量，点击购买即可。而不是像淘宝购物那样每次购物都要经历加购物车、填写收货信息、提交订单、再跳转支付宝支付的繁琐、复杂的购物环节。我们可以通过以下几种方法来优化购物体验：一是在注册时填写好收货地址信息，在消费允许的情况下，软件可以自动定位和获取消费者所在的地址信息，如果定位信息与消费者所填地址信息相符，系统就不会进行提示，可以省去填写地址的环节，如果不相符系统会提示消费者是否需要更改收货地址信息。二是注册时提前填写好支付宝或银行卡账号用于自动支付，省去支付的环节。三是如果为他人购买，可以选择为他人购买模式，只需填入好友姓名及手机号即可，系统会将消息自动发送好友，请好友来填写信息。

售中战术二：去中间化，快速直达

在移动互联网时代，我们追求的是速度，是效率，是更好的用户消费体验。互联网最大的优势就是能够减少层级，扁平化、去中间化，只有经历最少的层级，产品才能够以最快的速度到达消费者手中。尽可能减少中间商，从厂家到消费者最多不超过三个层级。借助于电商渠道平台，商家就可快速、便捷地直接将地道风味美食送到消费者手中。

售后战术：消费极致体验+消费者体验跟踪

这个时代是体验消费的时代，更是感动消费的时代，商家要想俘获消费者的心，就要站在消费者的立场，深入消费者的心智，发现那些还未被满足的潜在需求，注重每一个细节，让消费者为之感动。并将消费者的潜在需求以一种物质的形式得以外在的呈现，消费者收到的不仅仅是一袋螺蛳粉或者羊肉泡馍，还有一份美好的体验。每一袋包装都会配有专门吃螺蛳粉或者羊肉泡馍特制的工具，为了方便卫生还为消费者准备了处理食材时的一次性塑料手套，刚煮好的食物一般较热容易烫伤，因此特地为消费者配备了防烫手套等。所有的考虑都是为了消费者如何能够更加舒服地品尝美食。

消费者感受到的不仅仅是一碗螺蛳粉、一碗羊肉泡馍所带来的美食体验，而是从售前、售中到售后的整个购物过程的一种物质层面与精神层面得到满足的极致体验。

在大互联时代，消费者购买完产品并不意味着消费的终结，而应当继续对消费者体验进行跟踪，要对消费者的消费习惯及需求了如指掌，建立良好的沟通、互动反馈渠道。

第五章

快消品大互联营销

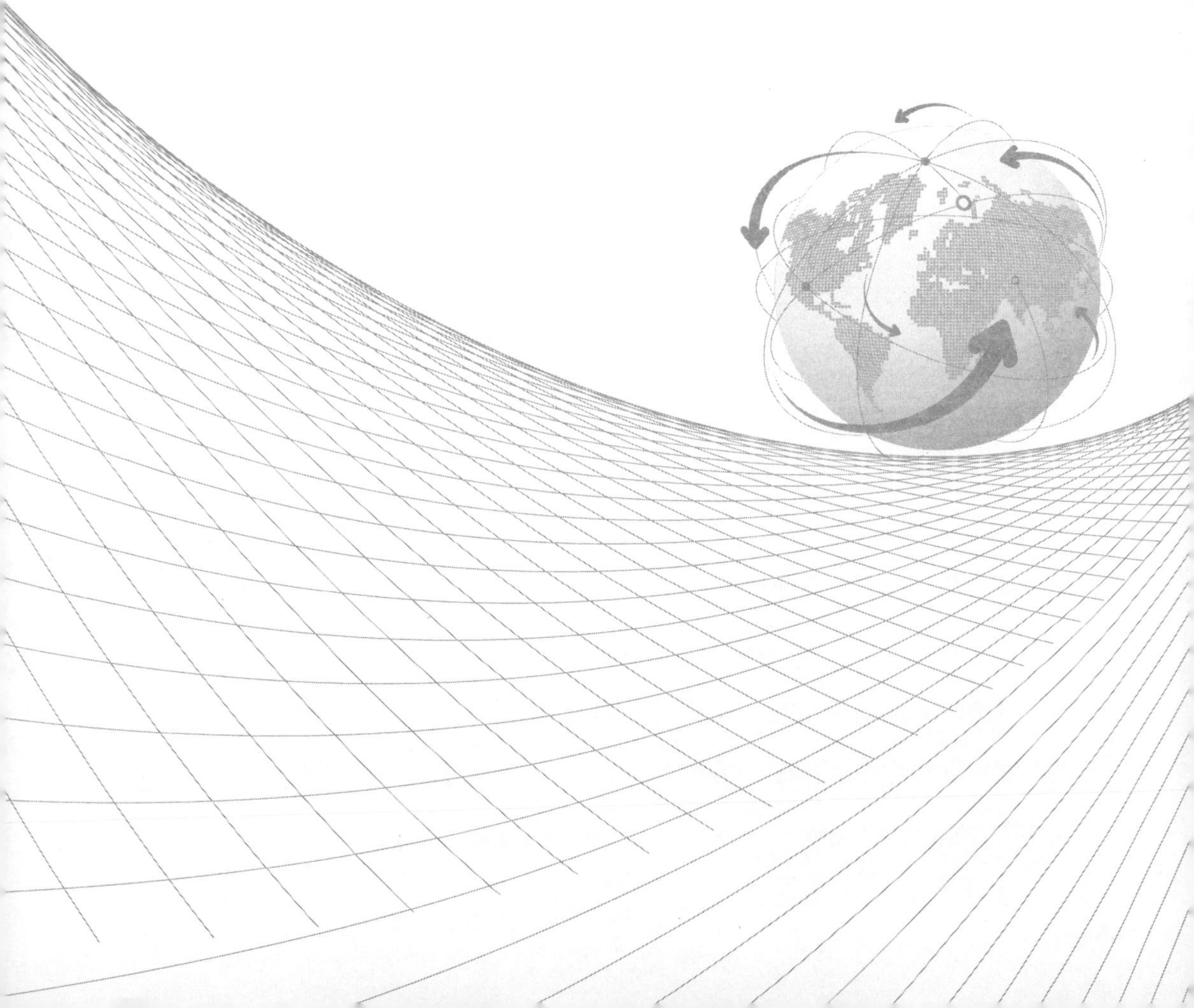

一、渠道为啥不再为王

生产企业竞争轨道的演变

2012年，康师傅和统一再次引爆渠道大战，康师傅从年初开始，不计成本向各销售点补贴至少500元/月的费用，欲将统一明星产品老坛酸菜牛肉面赶出渠道。线上口水战，线下充满火药味，统一的业务员拜访终端，会把康师傅的产品往角落里放；康师傅的业务员拜访终端，会把统一的产品放在看不见的地方。当然，包括白象对某些品牌的“装箱”行动，也属此列。

如果要将生产企业的竞争轨道进行划分，到目前为止，我认为可以分为这么几个阶段：

第一个阶段是生产主导时代。

这个阶段可以划分到20世纪90年代中期以前，社会上什么都缺，什么都供不应求。企业只要开工生产得出产品，经销商在门口排着队；经销商从工厂拉到各个市场，分销商在那里排着队。这个时代如果谈得到竞争的领域，也就是企业争取供应端资源的竞争，争取政府多给一些财政支持，多给些原料供应以扩大生产。

第二阶段是渠道主导时代。

这个阶段从20世纪90年代一直延续到现在。各个行业的竞争出现产能过剩，竞争的焦点便产生在与消费者距离最近的那一点上，谁拥有更多的网点，谁在网点拥有更多的排面，拥有更多的陈列，谁就能获取更多的消费。也正是因为这一原因，才诞生了上面谈到的“康统”渠道大战。

第三个阶段是体验为王时代。

随着渠道的饱和竞争，随时随地买到商品已经不是问题。信息的爆炸性供应，导致人们对很多东西审美疲劳，视而不见。人们从过去主动关注一些事物，变得越来越被动，信息已经爆炸到人们懒得去获取信息。以至于通过创意信息、创意需求来占用人们的关注时间，比去占有空间显得更有意义。

极致产品，完美体验

基于消费的演变和竞争的演变，天策行认为中国的竞争已经进入体验竞争时代。极致产品，完美体验将会形成未来企业具有决定意义的竞争力。说到这里，我想举个例子说明一下。

2014年8月的时候我邀请了五格货栈的首席粉丝官潘定国先生参加天策行郑州公司的一个活动。他的五格货栈就是一个卖车厘子的微店，有感于他对极致产品，完美体验的深度理解，我将他的分享全篇奉上：

有很多朋友问我为什么做五格货栈，为什么要做车厘子。记得有一次我给女儿买车厘子吃，父母正好也在，就一起吃了，老妈吃了一口，然后说了一句让我觉得特别难过的话："一辈子从没吃过这么好吃的东西。"两个老人活了这么久，还有那么多没有见过或者吃过的东西，我以前所反哺给父母的关爱确实太少。

之后我又得知车厘子在国外被当作寓意"珍惜"的礼品，并象征着美好的爱情，并且在国外非常受大家的欢迎。同时车厘子营养特别丰富，适合各个年龄层次的人吃。所以我就借微信这个平台，做一个弘扬中国传统的车厘子卖家，借助这款"果中极品"让更多人分享关爱，珍惜在身后默默支持自己的父母、朋友，让更多新生代继承我们中国传统的"礼仪孝"及"分享"的精髓文化。

对家人感情、水果行业的不规范和移动互联网代表未来这三个方面是我为什么做五格货栈的源动力。

我认为移动互联网时代一个成功的企业一定是：50%研究用户，35%研究满足用户痛点的产品，15%是市场销售。五格货栈是做粉丝经济的，我们通过提供车厘子来实现对粉丝的服务，而粉丝的转化也只能从为用户提供极致的产品体验来着手。

如何将用户变成粉丝？我们有一个很重要的指标，即三次以上的用户即为铁粉，如何让客户重复购买呢？我们是通过为用户提供全程极致体验来促进的，主要从三个方面：支付端体验、物流端体验和产品端体验。

我先和大家分享一下支付端的体验：

我们支付端的体验有几个特点：

极简：在我们的服务号中没有多余的按钮，五秒钟即可以完成一笔送车厘子的动作；

创新：我们将微信红包思想应用到了赠送车厘子功能，好玩、方便、有趣；

方便：我们将所有物流公司的系统进行了对接，只要在我们系统里即可以知道物流进展情况；

时间：移动互联网时代更多的是要抢占用户的时间，所以我们服务号里增加了车模功能，每周一篇关于移动互联网应用实践的文章，都是为了让用户在我们的服务号里更多停留；

温度：我们服务号里增加了车模，还有赠送第三者的功能，当你给第三者赠送的时候，我们会提醒你，还是送给自己老婆吧。

总之支付端是为了给用户提供最简单的购买、最有温度的感觉、能够学习到移动互联网的实践等等。

产品端体验：

很多时候，我们大家买水果的时候没人关心，吃水果的时候没有人关心，我们只是将更关心用户做得好一些而已。所以就会有好多粉丝给我们说，你们太用心了，太感动了。

所以我们从产品包装袋、内置的包装盒、塑料袋等都是精心设计，完全站在用户的需求和小痛点角度考虑的：

我们一份车厘子是两斤，一袋一斤，这个袋子是我们专门从日本进口的透明袋，一方面是因为车厘子容易坏，我们袋子完全可以隔离空气，保证车厘子保护期变长；另一方面是因为一斤车厘子一般一次吃不完，建议放在冰箱，如果用盒子装极其容易窜味，可以将剩余的装在袋子里放进冰箱。

我们深入研究用户吃车厘子的习惯和痛点，如果是在办公室吃，没有工具洗是一个痛点，我们的透明包装盒既可以作为防止被压的盒子，又可以当作洗车厘子的工具，并且洗了后盖好翻过来，盖子上有十个孔，水就可以从这十个孔里流出来。——有多少个水果厂家会考虑你如何洗和吃车厘子!

我们调查的数据很惊人：一个愿意在朋友圈里晒我们五格车厘子的顾客平均可以带来五个熟人关注我们。

有朋友经常问，如何利用微信去做营销——要用心去分析用户的需求。

就拿所有包装环节都有我们五格货栈的LOGO，有两个细节，一个是向客户说明，我们的包装是专门制作，品质绝对能保证；

另一方面，所有的包装都是我们自己定制的，都印有公司的LOGO五格货栈，客户无论从哪个角度拍照片都会有公司的名称，这样在朋友圈里晒的时候都能见到五格货栈。这一个很小的细节是我们抢占用户朋友圈的一个很重要设计。

我们希望通过极致体验的设计和服务，让用户有理由去宣传五格，有充分的理由去喜欢五格的做事风格。

二、快消品如何O2O

O2O是目前备受恩宠的营销形式，而作为营销界应变速度名列前茅的快消品行业更是要搭上O2O的第一班列车，而目前许多快消品企业显然已经应用了O2O方式营销，但观其应用范围，绝大多数的企业还只是应用于宣传及活动促销层面，比如通过扫二维码参与抽奖、玩微信小游戏获得奖品云云，而笔者认为大互联时代的O2O不应该是仅此而已，O2O不是点，也不是线，亦不是面，它是多维的、空间化的，所以企业需要构建一个完整的O2O。完整的O2O首要条件是需要把O2O模式置于战略高度上，在产品研究，产品生产，商业模式设计及传播推广等各个环节中皆要O2O化。

产品研究阶段，引入消费者创造价值

在前文已重点阐释过产品价值的重要意义，所以O2O模式的关键使命就包括要帮助企业创造出价值最大化的产品，而产品是为消费者而服务的，所以引入消费者元素才有机会创造出最适合消费者的产品，企业在研究产品初期可建立起与消费者无缝对接的沟通渠道以充分了解消费者的需求，这些渠道以企业的自媒体为主，如微信、微博及官网，为表诚意，也可以开设一个专门吸纳消费者建议的MINISITE网站，在网站里消费者可以任意谈论关于产品的设想，包括包装、口味、规格等等问题，同时也可以邀请参与度较为积极的消费者成为产品研究组的特殊顾问团，线上、线下皆可展开讨论，而对于这些消费者的福利，就是可以将其名字或头像等消费者愿意公开的信息印于产品包装或其他宣

传资料中，例如印在上面的文字就是某某某号产品，让消费者完全感受到此产品是与自己息息相关的，这样的消费者想让他们不忠诚都难。

在引入消费者创造价值方面，小米当仁不让做成国内企业的标杆。2012年8月16日，米2上市的第二天，雷军在接受记者采访时说，小米正在打造一个特色生态链，也即由“消费者+合作伙伴+竞争对手+小米公司”构成的“系统”。在这个系统里，消费者被放在了首要的位置。

小米手机的诞生为雷军的话做了最好注解，与2011年同一时间“出生”的米1一样，米2不光是小米公司，还是众多“米粉”们创意与智慧的结晶，超过60万的“米粉”参与了小米MIUI操作系统的设计和开发，根据他们的意见，MIUI每周进行更新。

引入消费者创造价值的过程，是一个创意迸发的过程，是让所有参与人激情创造一个释放的出口，在很早以前，宝洁公司的CEO雷富礼就提出“开放式创新”，要求宝洁公司50%的创新创意来自于宝洁外部。当然引入消费者创造价值在国内商业领域的践行也经历了很多年，比如在网游领域，在内测期的很多调整就是基于消费者的意见。

参与越深，爱之越深

我用网络上一直很流行的一个段子来说明：说情人之间吵架赌气后，一般都会拿分手来做威胁；而结婚十年，同甘共苦的老夫妻，一般都不会拿离婚来威胁；公司新入职的员工很多会考虑离职后怎么办，公司的创始人一般不考虑明天离开后怎么办。参与得越深，退出的门槛就越高。

美国经济学家、密歇根大学商学院教授普拉哈拉德（C .K. Prahalad ）2003年在《消费者王朝》一书中提出：在未来的竞争中，你的顾客不再只是你产品的购买者，而是你的合作伙伴。只有能与消费者共同创造价值的企业，才能经得起时代的考验。

在小米看来，客户不仅是消费者，还应该成为技术研发的伙伴，因此小米让发烧友参与手机系统的开发，根据发烧友的反馈意见不断改进，并每周更新。按照雷军的话说，MIUI的功能1/3由米粉决定，2/3由小米自己决定。

互联网的兴起，为消费者参与提供了多种多样的途径。简单地看看小米的论坛，你就会发现小米论坛的人气高得令人吃惊，“米粉”们在这里毫无保留地进行互动和分享。举例说明：一篇简简单单描述怎么样调设置能令手机运行加快的帖子，竟然从晚上9点到第二天早上9点就有9670篇回复。

在60万“米粉”的参与下，小米手机上诞生了一项项符合国人使用习惯的创新。

关键在于找到接触点

引入消费者创造价值，与以消费者为导向是两个完全不同的概念。

首先是主体不同。引入消费者创造价值的主持人是企业，主体是消费者，消费者在这种环境下的主权意识被激发，消费者会感觉到这款产品的创作我也有份，所以产品一被工业化量产，消费者就会从创作者变为推荐者。以消费者为导向的主体是企业，消费者变成了客体。就是企业站在主席台，告诉消费者，我要造个手机，会考虑到你们的利益，你们有什么要求就说吧！消费者会感觉到，我参不参与无所谓，因为我提出来，也许你会采纳，也许你就是象征性听听。参与的主体不同，激发的能量自然不同。

其次是激发点不一样。前者是引入关注的人做他们关注的事，后者是让所有人参与他们可能参与的事。小米为发烧而生，自然激发的是发烧友的热情，当发烧友这个社群被扩散到一定的范围，就会变成社会流行的浪潮。

所以引入消费者共同创造价值，不是生产者或服务的提供者来灌输，而必须有消费者参与，双方共同创造，通过消费者的亲身体验实现价值。因此，它与企业如何锁定消费者、对消费者高度敏感无关，而是强调如何制造机会让消费者参与。而其中的关键便是找到与消费者的接触点。

很多公司规定在产品生命周期的各个不同阶段，展开与消费者共创价值的活动，包括产品创新和完善阶段直至销售周期的尾声。每个接触点都是与消费者进行对话以及建立消费者忠诚度的机会。

在产品生命周期的较后阶段，企业可以充分利用共创的力量帮助消费者更好地使用产品和服务。例如，苹果、戴尔等企业拥有大型的活跃社区，消费者可以在这里提出关于产品的问题并找到答案。这样做不仅为需要解答问题的用户提供了直接的帮助，同时也进一步凝聚了有影响力的意见领袖及品牌拥护者，他们本身作为社区的一份子乐于对其他用户的问题做出及时的响应。

商业模式设计，提高消费者参与度

商业模式设计阶段，优化消费流程，降低消费成本

本着一切从消费者出发的原则，要让消费者在购买过程中也会有极优的体验，尽量加多产品与消费者的接触窗口，提升消费者的购买便利性，例如更好地利用二维码，二维码是消费者通过简单接触产品表象到深入了解产品文化的

过渡桥梁，二维码背后包涵的内容若足够精彩，则会很好地维系住消费者，令其愿意进行二次甚至多次购买。

我们不妨那样设想一下未来的消费情景，一个消费者在超市购物时，看到某件想要的产品，通过扫描产品上面的二维码，消费者就可查看到关于产品的所有信息，包括消费者所在区域附近的所有该产品的价格等，方便选购，当然若消费者此时正在上班的路上，想买的东西不能带回家，也可以直接进入销售此品的网络店铺，直接下单购买。

产品生产阶段，提高透明度，制造消费者期待

面对消费者普遍关注的安全性的问题，也可巧借O2O模式解决，若生产设备可移动，就可以将其带至消费者面前，让消费者亲眼见证产品的诞生过程，这种方式是在向消费者承诺产品的质量保障，让消费者买着放心。

最近在北京前门等商业街的一些糖果小店就是在店内开设了裸烹展示区，消费者可以通过透明玻璃清清楚楚地看到每一颗糖果的诞生过程，这样不仅可以让消费者放心，也增加了店铺的人气，提升了消费者的购买热情，当然，对于不方便移动的大型生产设备，企业除了邀请消费者参观外，也可录制成视频放在官网上播放，消费者愿不愿意看不要紧，关键是表明了企业对于质量严格把关的作业态度。

推广阶段，提高消费者的参与度

在社交需求爆棚的今天，消费者喜欢群聚，企业可主动为消费者构建“群平台”，选购同一企业品牌旗下产品的消费者会自动加入到该产品的社群中，此群中的消费者沟通自已在使用该产品中所遇到的问题及购物体验，让大家有彼此交流的平台，创造群组参与感，当然，企业作为平台搭建者，要及时吸纳

出有意义的反馈信息，根据消费者可能只是无意识地发出的牢骚来调整产品及相关服务，以此方式将消费者逐渐培养成为忠实粉丝，消费者们也可在此平台中自己策划组织活动，企业来负责执行，让消费者有着深度的参与感。

三、为恒大乳业支招

光环下的危与机

从恒大冰泉上市以来，坊间就流传着各种对恒大的传说，但无一例外地对恒大的一种印象：土豪！从卖房子转行做快消品，能把快消品做好吗？尤其是能做出高品质的产品吗？

伴随这种质疑，恒大的快消品版图逐渐清晰地展现在世人面前：

2014年9月1日，恒大在内蒙古自治区阿尔山举行的恒大粮油订货会上正式宣布恒大粮油集团、恒大乳业集团、恒大畜牧集团揭牌成立，此次恒大粮油订货会上斩获119亿元的订货金额，开创了全球订货规模最大、订单金额最高、影响及品牌最强的行业纪录。

而关于恒大乳业发展的路线，还未看到官方发布的任何信息。2014年10月恒大想借再次夺冠而推出的咔哇熊奶粉，相信也只是恒大乳业整个战略布局的一部分。我这里想针对恒大乳业，这么一个新公司，如何在蒙牛、伊利等大品牌垄断的市场中杀出一条血路，提出一些自己的想法，为恒大乳业支支招。

我们先分析一下中国乳品行业的危与机何在：

首先谈危局的问题。

中国乳品行业最大的危局在于信任。中国乳业高速发展的十多年，是充满着信任危机的十多年。从阜阳“毒奶粉”事件开始，到沸沸扬扬的“皮革奶”事件，郑州光明的“回奶”事件，三鹿奶粉的“三聚氰胺”事件，国产奶接连不断地出现问题，不断地伤害消费者的利益乃至生命安全，逐渐摧垮了消费者对国产奶的最后一丝信任。

第二大危局是产业链的恶性循环问题。

乳业作为长产业链产业，整个产业链不可能通过市场的自然培养和淘汰就能很快形成良性循环。2011年中国乳业行业大规模清理门户，只有约不到55%存活了下来。本次被清理出局的数百家企业大致可腾出20%市场空间和近30%奶业资源，而这些被腾出的资源与市场份额，将趋向高度集中，大部分流入大企业的手中。这种集中会导致奶业产业链前端的奶农、奶站等资源重新洗牌，也就是导致奶农大规模杀奶牛、倒牛奶事件的根源。

一方面市场端资源在向大企业不断集中，企业为了保证品质，收购门槛提高；另一方面奶农因为养殖成本、品质控制等问题无法赚钱。导致市场端消费者为买牛奶要支付越来越高的成本，而以前建立起来的供应体系因为企业的成本控制又无法赚钱，不得不杀奶牛转行。而牛奶行业的巨头们要自建奶源，也需要一个相当的周期，这就导致产业链的恶性循环。

当然，也因为这种危机诞生了机会，这也是这些年为什么蒙牛的特仑苏、伊利的经典和三元的极致得以存活的原因。但对于乳业的分支奶粉行业而言，国产奶粉依然主要盘踞在中低端。相对于高端乳品市场却是一个相对空白的市场，目前国内仅有几个品牌的产品在高端乳品占有一席之地，而纯正的高端乳品市场其实还是空缺的，如果恒大能将自身的资源整合好，完全有机会可以占领此部分市场，成为高端牛奶中的翘楚。

高端牛奶应是奢侈的、稀有的、限量的，所以恒大要塑造出高端的形象就要利用其独到的资源优势，如其特殊的产区或在地产界所积累的独到优势。

两种方向的 议

私人定制

既然恒大乳业选择的奶源地是黄金奶源区，那么恒大乳业也应该像恒大冰泉一样打造一处奶源供全国乃至全球。恒大乳业必须要构建一套高标准的生产体系，其生产质量必须要达到甚至高过欧盟的标准，使之在质量体系上无后顾之忧，另外恒大乳业应该像粮油一样打造原生态有机奶，并且把产品分为高端和中端两类，高端产品以牛初乳类产品为主，中端产品以初乳以后的有机牛奶产品为主。高端产品可以专门针对恒大集团内部的高端客户进行定制售卖，也可建立会员制，针对恒大会员定制专享产品。中端产品可专注于广大消费者，让所有的人都可以喝到更有保障的有机奶产品。

专属牧场

恒大集团可以利用自身优势，在大中城市周边建立城市有机牧场，虽然牧场建立在城市周围，但是产品也要按照最严格质量体系进行监控，牧场所生产牛奶制品全部供给所在城市，必须保证任何一个城市的城市牧场所生产的牛奶产品都能达到同样高的标准。另外可建立会员制，可以针对恒大集团高端客户或者会员进行牛奶产品一对一领养供给。可定期对外开放牧场，每次限定固定人数，让大家真正了解有机产品的好处及高规格。如此结合可以让所有人不仅能喝到也可以看到，这样才可以做到真正的放心。

以上是针对于“恒大乳业”的一个浅析展望。国内目前的乳业市场处于一个低谷期，只要恒大乳业可以严格把控标准，把产品质量牢牢放在心中，那么现在正是恒大乳业立足于市场的绝佳机会，因为国民都在盼望着能喝到我们自己人生产的好乳品。期待恒大乳业的横空出世！

四、塔旗庄园的惊艳作品

2014年，有个互联网农业品牌诞生，叫塔旗庄园。这个品牌从它出生开始，就注定了它的互联网基因。在这里引用它的创始人，CEO刘丽华的一段访谈，看看她的极致产品是如何产生的。

塔旗庄园的极致产品

有人问我为什么要坚持做薏仁的时候，其实对我来讲，当初选择做薏仁的理由很简单，女孩子都知道薏仁可以美白，从小我对薏仁比较有好感。我在香港、新加坡旅游的时候，发现当地一些商场薏仁很畅销，600克的薏仁粉能卖到四五百元人民币，我问柜台小姐，你们这为什么不卖大陆的薏仁粉，柜台小姐很惊奇地问我：大陆的薏仁粉质量能行么？

我听到这句话就跟针刺一样，我家乡在云南，知道每年在东南亚消费的薏仁绝大部分是从大陆出口的，而大陆的优质薏仁又主要产在云贵高原一带，每年这里的薏仁主要通过深圳市场流向香港、新加坡等地。

我回到云南后，一个消息让我很振奋，云南省政府要引导发展高原农业，要打造庄园经济。当外面的朋友跟我调侃，你们云南是不是还骑着大象上学的时候，我一般是一笑而过，因为我没有找到一个合适的词，来表达云南这种原生态环境的特点。这种不适合规模种植的高原环境，让云南的农业产业始终处在很原始的状态。而“庄园”这个词，正好表达了我对云南原生态农业一个准确描述的期待。我去考察的师宗县也计划打造当地的薏仁产业，塔旗庄园落户师宗就在这种机缘巧合下被促成了。

对我来讲，和师宗县签约，计划做薏仁产业，困难才刚刚开始！从有这个构想开始，到产品出来，一走就是一年。

当然最开始面临的是做什么产品的问题。

有很多朋友建议我，学学黄太吉，学学马佳佳，产品不重要，名声才重要。这个想法与我有很大冲突。薏仁毕竟是食品，不管是什么思维，做食品有两条打不破的规律：一是要做得好吃，二是要让人吃得好。当然对于做薏仁，我还加上了第三条：要能充分表达薏仁的特点。

做薏仁首先得考虑第三条，什么样的产品能表达薏仁的特点。薏仁的传统认知是美白，美女们为了美白，每天面膜、黄瓜片不惜花时间尝试各种秘方，这中间有个共同特点是美白的东西一般都和“水润”的感觉联系起来。在这个研发方向上我们确立了第一批上市的4类产品：薏仁冲调粉、薏仁茶、薏仁米，还有一个我们取名叫早餐食客，里面一份薏仁能量棒+一份薏仁冲调粉，所有产品跟水脱不了干系。

一次在北京新光天地跟朋友选产品的时候她问我：你们搞的薏仁跟这个有

什么区别啊？我的大脑闪电般地搜寻差异信息，我们的产品究竟比它好在哪里？我一时竟懵住了。

我们选的薏仁品种是云南本地产的黑壳小粒，我们将黑壳和引进的白壳、花壳做了对比研究，黑壳小粒的维生素B1的含量略高于其他品种，这是我们的一个原料特色。不过坦率地说，这个表述也并不严谨，因为不同地方产的品种维生素B1的含量还不一样。

2015年3月，我这个心结被一个偶然的事情解开了。我去师宗五龙乡南丹山塔旗庄园敲定基地建设的时候，发现有些地方把玫瑰和薏仁套种在一起，玫瑰花期和薏仁成长期高度重叠。我在想，如果我们的薏仁闻着玫瑰花香成长，这是一件多么美好的事情。况且我北京那些朋友每年都托我给她们搞品质好点的玫瑰，塔旗庄园的每一份薏仁都给他们带上几颗玫瑰，我们的玫瑰薏仁不就是独一无二的了吗？

这个想法让我进一步坚定了这个产业的未来。美白只是表象，调心才是根本。玫瑰的加入，让我们的产品理念有了灵魂，我将塔旗庄园也定义为玫瑰薏仁庄园。

方向确定了，下一步就是如何做到好吃的问题。好吃易想不容易做。有句俗语叫众口难调，你觉得好吃的他未必觉得好。为了让产品做到好吃，我都已经记不清修改多少次配方了，我们找了新加坡的研发人员，昆明饭店的研发人员，云南农大的研发人员，江南大学的研发人员，就薏仁冲调粉前后在北京和昆明做了上百场口味测试，我们最终选定了4个口味：原味薏仁粉、玫瑰薏仁粉、紫薯薏仁粉、山药薏仁粉。

好吃的问题解决了，接下来就是如何让消费者吃得好的问题。薏仁这类食品，无论是罐装还是袋装，打开了都容易受潮，受潮之后就容易变质。在克重设计上，我们考虑消费者尽可能在一个月内都能吃完，我们最大的罐装就设计到600克，每天即便冲一杯30克的薏仁粉，20天也都吃完了。我们在早餐食客的杯子上加了隔热层，大家吃的时候冲上一杯热水，拿在手里也是温温的；我们的每个早餐时刻杯子配一只搅拌棒，避免冲调粉粘在勺子上。我们在罐装薏仁米上面放了个网托，里面放了20克玫瑰，玫瑰可以泡茶喝，也可以在薏仁米熬出来后放几片在粥里。

塔旗庄园的完美体验

为了让消费者在遥远的地方也能感受到庄园的气息，我们上市初期策划了一批庄园套装，购买塔旗庄园的玫瑰薏仁粉赠送2枝玫瑰苗和一个可降解的折叠花盆，在你的办公室或家里都可以种上，无论你什么时候品着塔旗庄园的产品，看着自己种的玫瑰苗茁壮成长，心情一定会很舒畅，这才是我们理解的都市白领的一种真生活，不是简单地吃喝一些东西，而是一种立体的真生活体验。

在渠道消费模式上，消费者可以在天猫上购买，也可以通过微信的微店购买，一搜塔旗庄园就能找到我们的店。在电商平台上为了给消费者创造更好的体验，我们的客服人员都扮演了庄园服务人员的角色，有“园主”、有“团长”，服务不好直接找园主，让企业的最终负责人和客户建立起一种亲密的互动关系，在这个服务平台上，大家都不是在买和卖，而是在玩体验，在玩快乐，不仅产品让大家感受到我们的态度，最终玩出真生活、玩出有态度，这才是塔旗庄园最终期盼的。

第六章

农业大互联营销

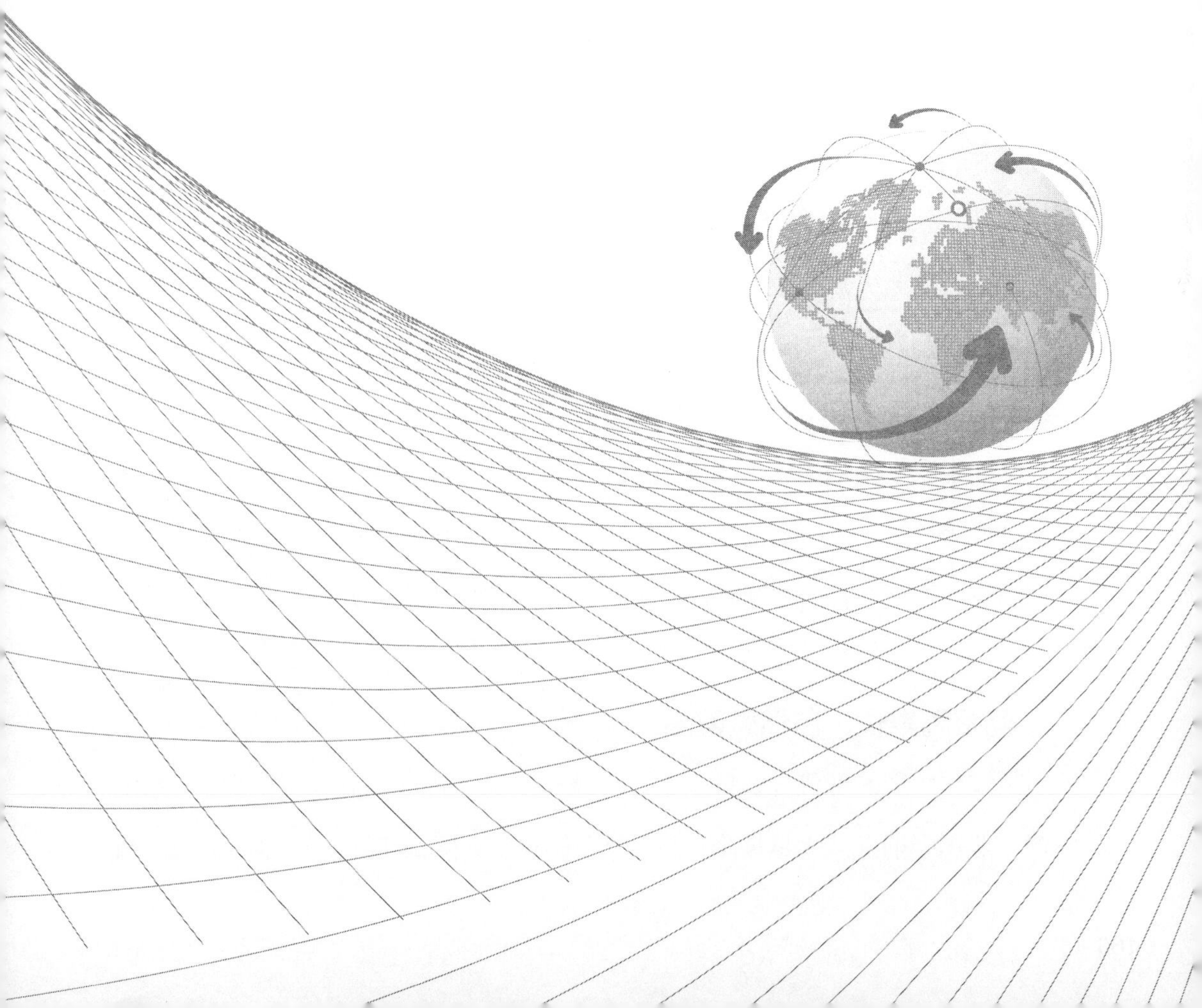

一、农业的投入产出困局

日益突出的困局

2014年中央“一号文件”再次提到农业发展问题，完善国家粮食安全保障体系、深化农村土地制度改革、加快农村金融制度创新等八大方面工作，是下阶段的工作重心。这是中央“一号文件”连续第十一年聚焦“三农”。对比2013年中央“一号文件”提出鼓励和引导城市工商资本到农村发展适合企业化经营的发展模式有所区别，用改革创新的思路来解决三农发展已经成为了工作重心。

所谓的改革思路，政府在探索，企业也在不断地实践。自2006—2011年上半年，农业领域已披露的投资案例达到114起，涉及金额17.6亿美元，其中2010年投资额呈现惊人增长，额度达前四年总和。类似国企中粮这样的粮油巨头联合投资机构对农业进行布局，万达、网易、恒大等国内知名公司也在向以高效、规模、品牌为特征的现代农业领域靠拢。

但是，如此火热的投资背后并不能掩盖冰冷的事实，在农业行业费尽心机的巨头们，盈利者却不足3成。“强东大米”基本没有对外销售，网易养猪6年仍没有动静，甚至也公开承认“我们高估了自己”。

与其说我们高估自己不如说我们低估了农业行业，农业投资少有斩获，亏损已经成为常态。为什么这些企业会在农业投资深陷亏损泥潭无法自拔？

结合近几年来农业的发展，我认为农业困局主要集中以下几点：

回报周期长，自然风险高

规模化生产的现代农业投入大、运营成本高，短期内难以获得盈利。投资农业产业需要前期的大量投资，从投入到盈利的时间段很长。农业生产具有滞后性，农产品需求弹性小，但市场波动剧烈。农业投资通常以农业生长过程为基础，生长周期决定投资回报周期。农业不比工业等其他行业，投入原料之后很快可以变成产品，农业需要经过很长的周期，因此企业在很长一段时间内几乎负盈利。

农产品生长需要一定时间，因此，农业难以像二三产业一样紧跟市场形势变化，根据市场行情立即作出调整计划。农民种的多，农产品价格就低；农民种的少价格自然就飙涨。价格的不确定性增加了市场的不确定性，对农业投资者来说也是非常不利的。

其次，风险，也是农业投资不得不面对的问题。农业基础设施建设的不完善导致了在农业生产过程中一旦遇到自然灾害企业就会严重影响投资效果。极端天气难以预测且无法避免，发生就导致农产品大规模减产或绝收。比如2015年河南及东北地区出现大旱天气，严重影响当地农业生产。在中国农业保险体系还不完善的背景下，在发生各种不确定事件后农业投资者还能去找谁赔偿呢?

产业链条整合难度大

“产业链，好产品”是中粮针对其农业提出的口号，对于中粮集团而言，“全产业链”涵盖了从田间到餐桌的多个环节。对于农业企业而言，向上游整合原料来源，向下游掌握市场销售，从而形成了一个供、产、销一体的闭合式产业链。这样的农业企业将获得更强的市场竞争力，促进企业的可持续发展。

但是，真正有实力进行全产业链整合的企业并不多，主要的制约因素有两个：一个是经营管理能力，另一个则是资金储备能力。

为了达到提高收益的目的，农业项目除了改善技术和产品品质外，还需要覆盖一定产业链环节，增加各环节增值收益，从而增加整体收益。环节增多要求企业家对各环节情况和知识都要有一定了解，做到优化产业链结构，控制产品质量，降低生产成本，如果没有足够的知识，把握整个产业链的难度是巨大的。目前我国农业企业的管理水平普遍较低，进行产业链整合和管理的难度非常大。除此之外，农业项目具有一定复杂性和综合性，资金投入面广、投资时间长，需要进行长线投资，投资者必须耐得住性。加之农业行业易受自然灾害影响、回报周期较长、抗风险能力较弱，大部分农业企业产业链相对单一、财务风险比较大，如果没有卓越的管理能力和强大的资本作保障，农业投资很容易陷入困境。

利润分配不公平

在农业经济发展中，农产品生产方往往是利益的最低获得者。在当下实况，尽管农业投资的力度不断加大，农产品生产方的力量不断增强，但是利益的有效分配情况仍没有好转，相反，原本饱和的产业链利益分配变得更加拥挤不堪。各方都觉得获利少，那么他们就会不惜代价去尽可能地争取。卖种子、农药的觉得自己亏，于是在原料出卖时掺假作弊；农产品生产方认为自己投入产出不成比例，在卖粮时缺斤少两，以次充好；企业认为无利可图，然后在种子开发上减少投入资金。长此以往，看似每个人都获得了更多的收益，但整个行业的利益链已经被破坏，农业发展的弊端随之出现了。

大互联时代，讲求“利他”效益。产业链上的利益本应该大家共享，但是却出现了农业企业与政府之间的竞争，与同行之间的竞争、与上游原料供应商、下游市场终端的竞争。大家都想从产品上谋得最大利益，都站在产品本身的平台上相互肉搏，毫无大互联时代“利他”可言。真正的谋利是应该站在商业平台上眺望行业走势。

在做挂面产业的调研时，我发现了一个有意思的现象：现在挂面出厂成本是1.7元/千克，每吨就是3400元，售价低于3400元/吨，你的挂面是不赚钱的。但是有些企业偏偏以低于每吨3400元的价格卖给经销商，明知赔钱却还要卖，那他们图的是什么？后来，我发现，挂面生产企业要求经销商在购买挂面的同时还得购买他们其他的产品，这样一来企业既卖出了挂面，又将其他产品绑定出售。企业在挂面上赔了钱，但是会在其他产品上找回损失；经销商在挂面采购上降低了成本，购买的其他产品又不影响其销售。

利他，实际上就是在利己。

食品安全

近年来，随着“塑化剂”“地沟油”等事件不断曝光，食品安全是我们每个人都必须重视的问题。因此，农业领域面临食品安全的挑战，农业投资本身也必须面对食品安全的挑战。

大互联的时代，信息是高度透明的，企业的所作所为都会被消费者看在眼里。以猪肉产业为例，猪肉安全涉及的问题非常多，屡禁不止的瘦肉精、激素饲料催肥现象、高密度养殖带来的重大疫病问题，还有养殖过程的外部环境污染问题等，这一系列的问题都被媒体曝光。随着消费者对食品安全的关注以及消费者维权意识的增强，农业投资不得不重视食品安全问题。但是，农业投资要想真正生产安全产品，投入的力度是相当大的甚至将颠覆以往生产方式。改变以往生产方式，意味着生产和经营方式的全面改进，改变是综合的，背后的成本是高昂的。

总体上讲，中国的农业分为“恢复”“停滞”“飞跃”和“转型”四个阶段。1950年，土地改革实施，土地归农民所有，解放了农村生产劳动力，农业生产重获新生并得到发展；在“三年经济困难”时期，国人盲目追求跃进，重工轻农，再加上当时的农业基本设施的不完善不能抵抗天灾，农业的发展暂缓脚步；直到20世纪80年代，农业借着改革之风迎来了又一个春天；2006年取消农业税后，农业又来到一个高速发展期。如今，我国的农业正处在一个转角，各个政府和企业都在探索如何打造新型农业的谜题。如何破局，才是探索核心。

农业产业利润水平不高是不争的事实，一方面是由于延续了多年的以农业支持工业发展的国家发展策略造成的长期影响，另一方面也是由于绝大多数农业生产者分散而力量薄弱，且进入门槛较低，并不具备产业链的议价能力。农业整体利润水平较低、对自然因素的依赖程度较高、生产要素流转政策不够明晰等问题构成了投资农业的主要风险。

放眼世界农业发展史，从农耕时代到工业时代再到现在的互联网时代，农业发展，始终没有寻求到一个平衡点。农产品大多是作为工业生产的原料或附属品，世界性的粮食短缺、食品安全、危机灾害、物种入侵，都是需要解决的问题。农业发展困局是全世界都在面临的挑战，即使像美国、加拿大等农业发达国家，也会被农业的发展所困扰。

政府与企业是农业发展的两个轮子

农业发展的“行”与“走”

长期的经验告诉我们，农业要想发展，离开了农业企业是行不通的，农业企业的发展可以提高整个农业行业生产力。将农业企业做大做强，提高农民进入市场的组织化程度和农业效益，是促进农村发展、加快现代农业建设、繁荣农村经济的有效措施，是促进农业增产和农民增收的有效途径。因此，农业企业在农业发展过程中的作用一直备受关注。

可是，单纯地靠农业企业的发展就能盘活整个农业这盘大棋吗？显然，答案是否定的。

举个例子，面粉企业每年都会向农户收购小麦，我们暂不考虑小麦的品质，单从资金上来讲这个问题。假设每个面粉厂每天生产需要1000吨小麦，每吨小麦2000元，那么每天需要消耗小麦原料的费用为200万元。农产品生长需要时间，因此企业不得不储存大量小麦以度过整个小麦生长季，通常企业单次采购小麦量会供接下来半年使用。这样算下来，在每个小麦收购季节，企业要一次性支付3.6亿元给农户。试问，有几家企业能有如此大的财力？这时候，政府的支持力度就决定了企业的命运。

但是，在中国当前的环境下，政府在和企业的关系上一直是处于强势地位。政府部门不应该把自己看成企业的管理者，也不能把企业单纯看作被管制的对象，而应当首先把它们看作是社会主体，是社会财富的创造者，是自己的服务对象。

首先要尊重企业的产权。任何人、任何机构，都不能以任何借口对企业的财产权随意进行侵害。其次要尊重企业的经营自主权。企业作为市场经济的主体，具有独立投资经营的权力。政府职能部门不能干涉企业的投资方向，不能凭借一些文件设置的条条框框扰乱企业的正常经营活动，不能干预企业的内部管理。第三要尊重企业承担社会责任的自主权。

企业作为社会公民，具有承担社会责任的义务。但是这种义务和责任必须建立在企业自身实力和自愿的基础上，政府不能采取强制性的命令或以下文件的方式，强迫企业做什么。对企业而言，企业也要尊重政府的职能，即执法权、监督权、检查权、审批权、税费征收权、处罚权和宏观调控权等，积极配合政府部门的工作。

2012年，我在给黑龙江一家蜂蜜企业做策划时，发现当地政府能与企业合力发展蜂蜜产业，在这与各位分享：

众所周知，我国的蜂蜜行业发展愈加困难，小型蜂蜜生产企业随着原材料的不断提高，蛋糕越来越小，不得不铤而走险做起掺假行当；大企业想要整合产业链，但是资金上、政策上得不到应有的支持，行业的发展无从谈起。

而我提到的蜂蜜产地，起初也是由一些小型蜂蜜企业组成，长期以来，由于小型企业资金投资力度的缺乏以及市场监管力度不严，导致了蜂产品品质低下，产品议价能力低，无高附加值产品，严重影响了该地蜂蜜品牌名声。2011年当地林业局成立了一家蜂产品股份有限公司，公司位于林业局工业园区内，占地面积50000平方米，是集生产、经营、科研为一体的综合开发型企业。该公司协同一家企业大力发展林区生态经济，树立了蜂蜜行业品质新标杆。在政策和资金的双重支持下，当地的蜂产品加工实现了规模化生产、追溯化管理和产业化经营。目前，当地的蜂产品已经在国内占有一席之地，并且不会受到行业内波动影响而产生太大变动。

企业由被动转为市场主导。政府和企业合则各方盈利，分则两败俱伤。

白水苹果的启示

白水县是世界公认的苹果优生区，素有“中国苹果之乡”的美誉。每年的十月正是白水苹果的销售旺季。但是对于收购商而言，收购苹果的资金成了最大的难题。

县域金融机构对果商的授信一般在5万元以下，远远满足不了果商的资金需求。通常收购商的资金大部分是从亲戚朋友那里借凑，或者通过民间借贷来筹集。盈利的一大部分得用于归还借贷利息，从而影响了苹果的收购和库存。收购和资金短缺的矛盾成了收购商难以解决的难题。一旦收购商因为资金问题减少了收购量，那么剩余的苹果都积压在农民手中。惠民不成，反倒

“害民”。

2013年，陕西省邮政储蓄银行白水支行推出试点产品——果业仓储户小额贷款业务。这种贷款方式最大的优点是果库拿到授信但得不到贷款，规避了招不到客户的风险。果商能拿到贷款是因为有货品仓单质押在果库，货品出库结账，归还贷款，事实上贷款是由仓单货品质押来做保证，最终形成抵押、担保链条，贷款责任得到了层层落实，实现了“零风险”。

据统计，截至2013年10月底，该支行已向56家果库企业授信1.4亿元，果库覆盖面达67.5%，向568个果商贷款达到1.2亿元，业务量已覆盖全县。

农民顺利将苹果出售，不耽误收入；收购商的业务做大，盘活了整个苹果收购产业链；银行在没有风险的前提下，顺利完成指标。三方受益，何乐而不为？

类似这种仓单质押模式，白水苹果并不是第一家吃螃蟹的，对于这种模式我也不在这做过多的解释。政府引导农业企业发展进而带动农业发展的方式有很多，做什么？怎样做？值得深思。

随着我国经济体制改革的深入，农业产业化是建设现代农业的根本途径。农业企业是农业产业化的支撑点，以其依托性、带动性的功能在一定程度上推进了农业产业化的发展，并且在农产品的生产、加工、流通和农业服务上与农民有机结合，创造出了很多有效的利益联结模式，从而在农业社会化服务体系中巩固了自己不可或缺的独特地位。

中央“一号文件”提出坚持“多予少取放活”的方针来发展农村，“多予”的主要责任主体应当是各级政府。政府投入多大的力度、落实多深程度的农业政策、对农业企业技术和信贷资金等方面多大的支持力度，决定着农业企业在农业改革中扮演什么样的角色。

政府和农业企业的结合，是农业发展的关键。一方掌握着政策制度：贷款、批地、补助…… 另一方掌握着渠道、销售和市场，而农业发展恰恰缺一不可。在实际分工中，企业要从农民致富，农业发展上出发，政府要加强对农业的服务，不是对企业和农业的管理。加拿大之所以能成为世界农业大国，就是因为，他们能处理好农业企业和政府的关系，农业发展的轮子才得以前进。

网易的“猪肋”

2009年，中国互联网企业网易高调宣布养猪，博得众多眼球。 6年来这件事一直被视为一个“笑话”。 从没有一家公司投资农业会遭遇如此大的非议，“褚橙柳桃潘苹果”，尽管他们获利有限，但都为自己迎来了赞誉。对于这个市值超过400亿元，90%的经济效益来自网络游戏的互联网企业试水农业，却是质疑一直多过掌声。

6年前，作为广东省人大代表的网易创始人丁磊在广东省“两会”期间的一场讨论会上透露，其将投资创办生猪养殖场，同时还计划创办“养猪网”，将有关生猪养殖的信息及养猪过程在网上全程公开。而该决定颇让人感到有些意外，IT人将目光投向传统行业，这个问题开始引起人们的关注。

然而，6年过去了，网易声称“蹲马桶、睡公寓、不吃药的猪”并没有跑出猪圈，昔日让丁磊博得众人眼球的猪反倒成了网易的“猪肋”，食，无味；弃，可惜。

前些年，高盛、德意志银行投资养猪，国内钢铁、煤炭企业投资建猪场的市场消息见诸报端，但是在生猪行业叱咤风云的还是双汇、温氏等老将们，投资能力不代表颠覆能力。是这些跨界者误读了养猪吗？养猪门槛有多高？我们聚焦网易这个“外行人养猪”样本，是为了让更多“只吃猪肉、不见猪跑”的人看见，投资农业存在着哪些难以回避的问题？餐桌上的一盘猪肉背后，要理顺多少利益关系？

快公司遇上了慢农业

网易坚持初衷："希望能以互联网精神去改变传统养殖业"，而遭遇的尴尬是，不同于互联网的快如闪电，农业则需要慢工细活。

农业投资远比互联网要复杂得多，土地流转、农民关系处理、场地建设等等都不是想象的那么简单。有些事情并不似有钱就能搞定的，比如土地——农业投资最基本的要素，要把几百小块土地整合成一片土地，本身就是件不容易的事情，进展慢，遇到辛苦和麻烦无法避免。网易从事的生猪养殖是一个产业链很长的行业，从选址、育种、选种到防疫等环节，而网易完全从零开始探索，显然对行业的复杂程度估计不足。

如今，恰恰是因为农业特有的回报周期长的特点，是许多人深陷其中不能自拔。农业是个长期的投资，不像互联网产品投入产出比可以很快显现，这类规模农业的利润价值体现或许是10年甚至是20年。用互联网投资即有回报的思想来思考农业，显然是不合适的。

政策和市场成了投资农业的风向标

据我了解，网易投身农业之初并没有锁定养猪。既然冲着市场而去，他们自然也寻觅"最挣钱的项目"。火龙果庄园、花卉世界、肉苁蓉种植、养殖海参，都曾在他们考虑的范围之内，最终选择了养猪，我认为政策和市场决定了他们的判断。

2007年猪肉供不应求，价格暴涨，国务院出台了扶持生猪生产的"国十条"，这也是历史上头一次针对养猪业提出的，要给养猪发补贴。当时政策急于稳定生猪市场，不仅发钱，还鼓励建规模猪场，鼓励现有养殖户扩大规模。养猪热，在全国轰轰烈烈地开始了。2007年后，大量的外来资本进入了中国的养猪业。而网易宣布养猪的时候，恰恰是"猪市场"正经历着行情从高点走低的趋势。

商界大佬们在选择投资项目时，政策是他们必须思考的问题。受政策影响投资农业的不仅仅是网易一家。随着近几年“中央一号”文件连续提出对农业，恒大开始着力打造农业生态圈、万达斥资数亿在延庆种菜，大佬们纷纷在农业上布局，探索方式值得我们去探讨，前景我们共同期待。

二、农产品互联网营销创新

“电商帮”种地

马云和他的定制农业

2014年3月，浙江兴合电子商务有限公司联合阿里巴巴聚划算平台、安徽绩溪县庙山果蔬专业合作社等，将电子商务和土地流转对接，推出互联网私人订制农场项目——“耕地宝”。全国网民可在网上认购土地租用权，对自己需要的农产品实现“私人订制”。

马云的定制农业，类似于国外的CSA农场。最初的出现是因为对食品安全和城市化过程中对土地的关注。生产者和消费者之间建立一种共担风险、共享收益的关系，消费者会预付生产费用与生产者共同承担在来年农业种植过程中可能会出现的风险并支持使用生态可持续的种植方式。生产者在季节之初就获得了这一年种植的收益，而与此同时，消费者也获得了生态有机种植的健康农产品。

将“农地”与“电商”对接，运用互联网金融的模式开发农村耕地，弥补

了传统农业在资金、渠道、技术等方面的短板。作为电子商务与土地流转的“结合”“耕地宝”实现了农民“牵手”阿里巴巴等投资主体，发挥电商对农业生产要素的聚合效应，开拓了一条农业发展的新路子。

不用实际操作，你就会有自己的一片土地；点点鼠标，新鲜蔬菜邮寄到家门口，这些以往传统农业无法想象的新业态，正随着互联网基因的加速渗透，以令人眼花缭乱的速度改变着一切，既丰富了人们的生活体验，更让传统农业焕发出新的生命力。

中央文件不断提出要加快构建新型农业经营体系，而在如今传统农业已经陷入困局之际，马云的定制农业着实给更多投资者和农民带来了希望。

不得不说，“耕地宝”的应运而生，给土地流转带来新的期待。如何提高我国长期面临的耕地集约化水平不高的问题，“耕地宝”是一个很好的尝试。可是，农产品，毕竟不同于工业消费品，不确定性因素太多。况且农产品的产业链条很长，任何一个环节出现问题，就可能引发用户“差评”或“退单”，协调好各方面的因素，长路漫漫。

“耕地宝”是马云定制农业的第一步，从2014年推出来以来确实获得了一个很好的开端。但是这种“小”的规模看起来并不“美”，一个地区，几十家农户，几百个体验者，采用的耕地是农村闲置土地，这些并不足以预见其未来的发展程度。马云的“耕地宝”可以在农业发展上起到辅助作用，还不足以成为农业行业发展的引领。毕竟，马云的尝试和国家宏观经济政策的影响力是不能相提并论的。

产品输出转为体验输出

在苹果体验店遍地开花的年代，体验并不会让大家陌生，再加上互联网思维的“极致”，极致体验已经成为服务行业的标准期望。体验，就是企业要以消费者为中心，通过服务的平台，以商品为道具，能够使消费者参与、值得消费者回味的活动。其中的商品是有形的，服务是无形的，而创造出的体验是令人难忘的。与过去不同的是，商品、服务对消费者来说是外在的，但是体验是内在的，存在于个人心中，是个人在形体、情绪、知识上参与的所得。没有两个人的体验是完全一样的，因为体验是来自个人的心境与事件的互动。在消费者看来，个性化体验比简单的商业交易拥有更高的价值，他们愿意为此付出额外的产品溢价。

那么在大互联时代，农产品若想做到完美的体验该怎么做？

阿里巴巴的互联网私人订制农场项目，让全国消费者只要动动鼠标就能买下一块土地当上“地主”。作为“地主”，用户可根据家庭需求自由认购土地位置及面积，每月要种什么作物。认购之后，当地农村合作社雇佣专业的老农帮助种植看护，待农作物成熟，当地农民将以每两星期为周期快递给用户。除此之外，消费者们还可以免费到当地住宿旅行。更加有意思的是，用户认购成为农场主之后还可以实时了解作物生长情况：青菜长多高了、有没有被虫子咬，都能一目了然。消费者这种认购土地的方式，迅速得到了大多数城市白领阶层的欢迎。

如果单纯地卖橙子，那你所做的是商品业，从事产品输出；如果将橙子送货上门，你所从事的是快递业务；如果消费者在你的橙子生态园观光游玩、亲手采摘橙子甚至认领一颗橙子树，定期来浇水施肥管理，那你做的就是体验行业了，由产品输出转为服务输出。而在此过程中，消费者消费的不仅仅是产品，更多的是在体验生活，体验过程中得到的乐趣。

体验输出和产品输出产生的利益其实这像卖橙子一样：当你的橙子是为了满足消费者的吃水果价值的时候，只能卖2元一斤，因为你卖的仅仅是橙子这种产品；而同样的橙子，如果是满足消费者安全健康无公害的需求的时候，可以卖5元一斤；然而当你的橙子变成“励志橙”的时候，橙子里面融入了情感因素，就可以卖到15元一斤；当你的橙子放在树上，让消费者自己动手采摘，可能就会卖到35元一斤，因为过程才是最被消费者关注的。所以，一件商品，它满足消费者的需求层次越高，消费者愿意为它支付的成本越大。

体验式的农业，使我们坐在房间里，上网点几下鼠标，就能拥有了某个乡村的一亩三分地，定期获得该土地上产出的作物。如果再有兴趣，还可以从房间里面走出来，到这块地里亲自看一看农作物是怎么生长的，甚至可以自己下地劳作。

我们不禁可以想象：久居喧嚣都市，人们渴望疏解繁重的工作压力，带上爱人、孩子感受一下田园般的农庄，呼吸大自然的淋漓畅快，亲手体验采摘的乐趣。细细体味“采菊东篱下，悠然见南山”的韵味，“绿树村边合，青山郭外斜”的美景。流水潺潺，绿树阴阴，微风和煦，携二、三好友畅谈世间之敞阔，人生之乐，不过如此。

这种几乎人人都曾讨厌过的农耕生活，现在变得如此令人神往。

互联网农业的探索

乐视酿酒、刘强东种大米、李治国养鸡、马云在做“耕地宝”的同时还不忘投资牧业，企业大佬们看似都不顾正业，做起了面朝黄土背朝天的农民，“务农”反倒成了时下最时髦的行业。这群财富新贵们的角色变换背后到底蕴含着什么？是农业产业发展的巨大商机？还是仅仅如他们所说为了全国人民健康所想的公益事业？亦或是从大局出发挽救当下残活的中国农业？

不管出发点怎样，从目前来看，互联网和农业两个看似不相干的行业，已经被他们捏合在了一起。

2011年初，李治国和另外两个出身互联网、通信行业的朋友一起在宁波余姚四明湖附近包了几个山头，养上土鸡，半年后开始尝试借助新浪微博、淘宝平台销售，150元一只，仅面向杭州配送。据其CEO王列介绍，眼下园田居已建成禽、蛋各一个养殖基地，产品品类也扩展为三个品种土鸡、两个品种鸡蛋，外加麻鸭和土法腌制咸鸭蛋。目前他们正在物色邻近杭州的蔬菜种植基地，兼顾会员生态旅游和禽蛋运输中转功能。

再看马云和他的阿里推出的“耕地宝”，做的也是互联网农业概念。阿里的聚划算平台与浙江三个行政村举办了“开心做地主”活动，把农户的产品通过互联网直接送到客户手中。农户产品有了销路，消费者也能吃到超市也买不到的新鲜土特产，这是互惠互利两全其美的局面。

非互联网时代销售产品通常有两种办法：一是市场摆摊或者走街串巷地叫卖；二是坐等收购商上门收购。这就会导致农户产品很难与市场精确对接，农户产品卖不出去，消费者吃不到新鲜农产品。但是现在借助互联网就解决了这一问题，互联网为双方打造了完整流畅的流通体系，直接对接销售者和消费者。可以说互联网解构和重塑了传统农业关系，从而创造了更大的市场价值。

单单在淘宝店里买农产品，那不是互联网农业。我们提到的互联网农业应该是将互联网技术运用到传统农业生产中，利用互联网固有的优势改变小规模化、小作坊化的生产模式，实现农业的信息渠道、流通渠道顺畅合理，使农业的产、供、销形成一条龙的整体。

随着信息技术的迅猛发展，互联网成为农业资源信息共享的重要工具。我国幅员辽阔，农业区域特征明显，长期以来农副产品流通不畅，经常发生“卖难”现象。互联网的引入，可以帮助领导科学决策，指导生产者合理地安排生产，有效避免盲目发展对农业农村带来的不良影响。

互联网农业的前景毋容置疑，发展却是任重道远，需要解决问题方能走得更远。

第一，就是物流的问题。农产品对物流的要求相对较高，而且对温度把控也有着苛刻的要求。比如，你在某平台买了10只鸡蛋，结果接到货后破了3只，臭了5只，你什么心情？所以说，打造一个优质的互联网农业平台，物流是必须解决的问题。

第二，标准化问题。农产品，毕竟不是工艺品，不会像工艺品那样大小、样式全都一样，它受阳光、水分等方方面面的因素控制。可能面临的情况就是你买的芹菜高，而我买的芹菜可能就矮。

第三，食品安全问题。食品安全确实是近些年来人们最注重的问题，不管市场监管多严格，总会有人钻空子。而互联网农产品如何能做到用互联网成功改造农业还有很长的路要走，需要长时间的相互磨合和设施、体系的完善。企业家们在探索，国家政策也在鼓励着人们去不断前进。从长远来说，互联网农业不论是对国家经济健康、平衡的发展，还是对个体生活改善都是有利的。

三只松鼠的跳跃

成立仅1年，营业额就达到3亿元，仅2013年“双十一”当天就销售3562万元。

如果不是在互联网时代，不可能诞生这样的奇迹！

创造这个奇迹的就是一个叫做“三只松鼠”的电子商务公司，其标签是第一个互联网森林食品品牌，代表着天然、新鲜以及非过度加工，主要销售坚果，上线仅65天销售就在淘宝天猫坚果行业跃居第一名。为什么三只松鼠会有如此大的魅力？

农产品也有完美体验

身为营销策划人，关注市场动态是必须要做的。在三只松鼠刚刚起步时，我就开始注意到了它，完美的产品体验，我却也是通过网络和身边同事那有所了解。但是，当我第一次购买时，他们的所作所为着实把我惊呆了。

第一，三只松鼠的产品并不特殊，只是普通松子、山核桃、碧根果等干果，口味和价格和市场上出售的并无太大差别，但是三只松鼠却将包装做得很时尚，紧盯80后、90后的时尚人群，给人的感觉是他们不仅仅是在吃坚果，而是在与三只松鼠一起互动。平时吃坚果，常常会因为开壳而绞尽脑汁，但是在打开三只松鼠夏威夷果包装时我发现，每一颗坚果都被切开一个小口，非常方便在办公室食用。便利消费者，三只松鼠算得上是完美了。

第二，品牌形象十分有特点，是童真、可爱的动漫小松鼠，又以森林绿色和高端黑色作主打色，形成基础、直观的品牌记忆点。在三只松鼠旗舰店里，经常会看到萌，如“主人，小美为主人沏杯温暖的花茶”“松鼠在身边，温暖您整个冬季”此类的话，让消费者时刻感觉即使是在浏览的过程也有阵阵暖意。萌，是三只松鼠的特点，在当下互联网时代，有谁不被这“萌鼠”所吸引呢？

第三，产品细节十分周全，以时尚文化延伸与三只松鼠有关的东西会免费送给消费者，比如，产品的包装上撰写松鼠卖萌的小故事、倡导“慢食快活”的微杂志、绿色封口夹、剥壳器、将果壳垃圾袋命名为“鼠小袋”、擦手用的湿纸巾叫作“鼠小巾”等等，所有这些随同产品出现，明显有别于一般干果产品，自然能引起消费者的满足感和惊喜感，迅速形成品牌认同和口碑传播。所有我们需要的东西，三只松鼠都为我们备全，我们有什么理由不喜欢它?

我们公司有个女孩有一泡茶“神器”——一个小花盆上面长着两个叶子，她说这是买茶叶时卖家送给她的。该“神器”平时就放在办公桌上，当成很精致的装饰，用时将茶叶放在花盆里，再放在水中泡制。看似枯燥的农产品，总有人会发现其背后一大串好玩的新鲜事物。看来，体验不只是三只松鼠在玩，几乎所有农产品销售都在走体验的路线了。

农，尽管我们生活离不开它，却一直没有给它一个公正的对待。在更多人眼里，农和土已经划等号了。有人认为，体验，只能像苹果手机那类的高端产品才拥有，可是如今的大互联时代，体验不再属于某一个单独的产品，某一指定行业。农产品，也可以玩出新花样，农产品也有完美体验。

三只松鼠危机：好的营销模式，做好产品是第一步

尽管三只松鼠目前将农产品已经做到如此大的规模，但是，它现在不得不面对一个问题就是顾客流失。顾客的流失，不仅仅因为类似三只松鼠这样的坚果店越来越多，最主要的是产品本身得不到消费者的认可。

如果说消费者第一次购买是冲着体验三只松鼠附赠的一大堆新鲜的玩意去的，那么促使他再次购买的原因应该是什么呢？答案就是产品。因为手里已经有了一大堆的小玩意儿，消费者不再需要这些东西，唯一吸引他的就是产品。可是当人们浏览三只松鼠旗舰店顾客评价时，“不满意”似乎成了消费者们最

常说的话，消费者不满意就意味着他们很可能不会再来购买你的东西。

产品，是一个企业的生存之本，成功的产品是企业与顾客交流的平台。企业没有了与消费者沟通的平台，也就没有了在市场中存在的理由。完美的体验，是三只松鼠给消费者带来的附加价值，当消费者选择购买坚果时，体验，确实是吸引顾客的关键因素，可是体验过后又能怎样呢？消费者要的是坚果，不是小玩意，坚果的品质好坏决定了他们会不会产生再次购买的想法。

把体验定位用于弥补产品不足所带来的顾客不满，是完全错误的想法。高举体验的大旗，却忽略了产品，最终只能是得不偿失。就像你去商场买块表，该表具有光能充电、S级防水、超级手电等近百种强劲功能，但就是时间不准，请问你还买吗？

因此对于任何产品而言，做好完美体验的前提是把提升产品品质放到第一位。

第七章

大健康产业的大互联营销

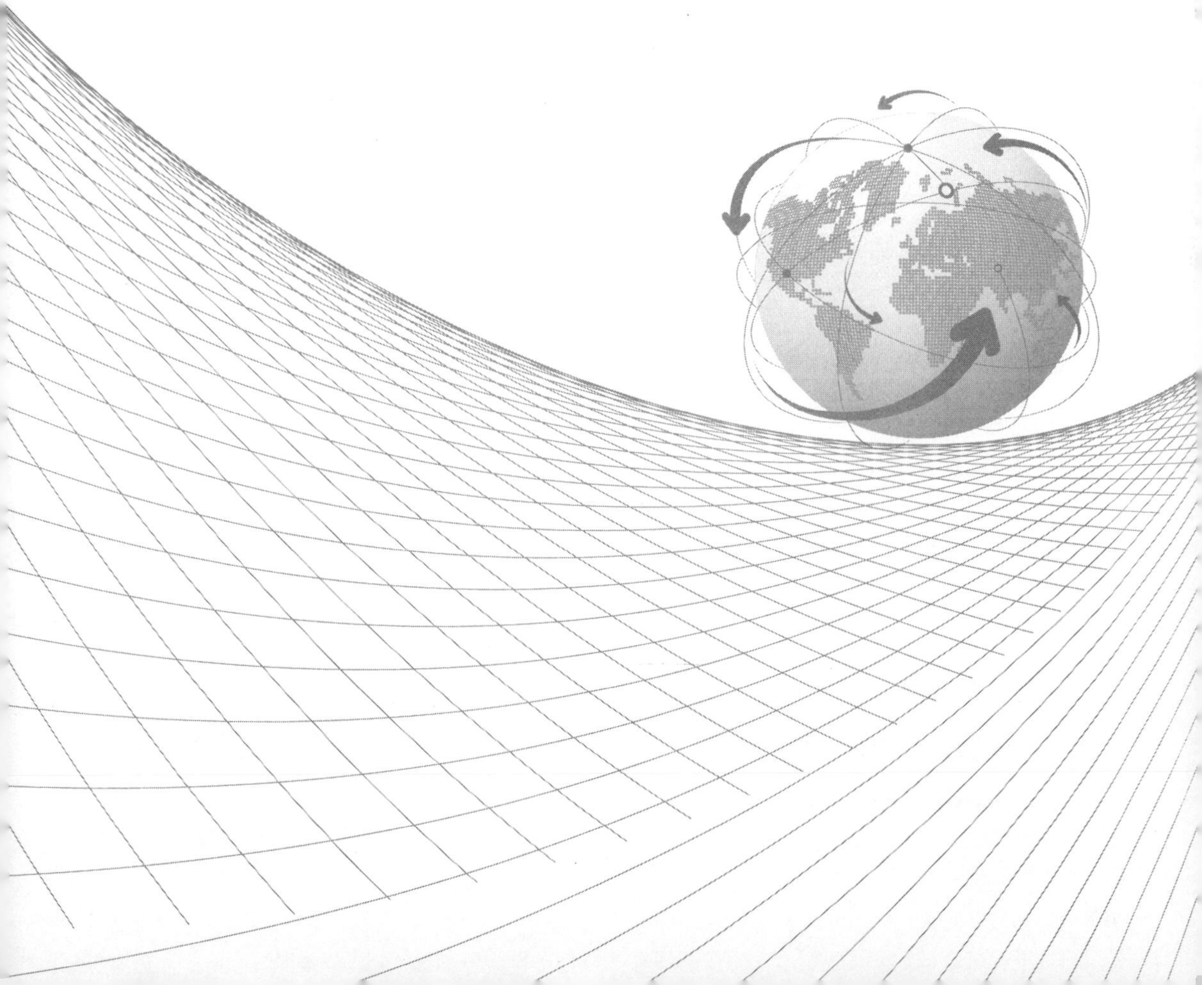

一、大健康产业大互联时代下的机遇和挑战

记得在2007年的时候，在朋友举办的晚宴上偶然和一个药企老总聊到大健康产业在中国的生存状况，那位老总向我诉了一晚上的苦水："中国大健康产业市场基本空白，市场潜力巨大，我手上产品很多，但老百姓就是不认同，觉得我们是骗子，觉得大健康产业就是卖些保健品、器械什么的，弄得我们的销售每次去各个社区宣传都被老人骂出来。找代理去一点点铺路吧，中间各个环节都要"抽水"，等到了终端，产品都不叫产品了，叫奢侈品摆设。有心去电视台做广告，地方电视台效果不大，在卫视级别的电视台里，单品广告就是300万元起，那么多品类的产品怎么可能宣传得过来。"

他的一席话，说出了众多药企的心声。哪个药企不想伸展手脚，大干一场？但却苦于渠道扩张难的局面。一方面是概念的传输：过去的健康知识大多来自于电视，但电视广告不会无偿为整个产业做宣传。同时，过去大众对健康的概念并不清晰，对待健康问题的态度都为有病就治，而非防范于未然。这就使得以预防为主，不以治疗为主的大健康产业与大众越走越远。而另一方面则是产品的推广：电视台的天价广告费使得药企只能对少数药品进行宣传，如修正的斯达舒，中美史克的康泰克等，他们虽然成功地把自己的单品同企业的正面形象推广出去，但却无法做到对产业的整体宣传。

随着如今的大互联时代的到来，传统商业模式逐步被取代，药企要想重新发展大健康产业又将面对哪些新的机遇和挑战呢？

我们首先看看医药产业和大健康产业的不同（见表7-1）。

表7-1　　大互联时代下的大健康产业观念转换

分　类	传统医疗卫生产业	大健康产业
目地	治疗为主	预防为主
产业边界	医药	文化衍生品、保健品，快消品、服务业
适用人群	生病或亚健康人群	所有人
适用情景	遵医嘱手术或服药	生活中以多种方式运用
产值规模	数千亿元	数千万亿元

机遇—需求激变，更迭初期

机—需求激变

正如表7-1产业规模所显示，今天的大健康产业的需求成几何倍的增长，我们之前多次提到马斯洛的五种需求，现代人对生活需求已不再满足于简单的温饱需求与保护需求，大众的生活质量的测定标准越来越高，这无形中将大健康产业带回到大众的视野里。如有机食品的批量生产、生态旅游圈的扩大、健康体检项目、非药用保健品等激增，种种现象都说明了如今大健康产业处于井喷状态。

遇—更迭初期

所谓机遇，自然在有机会出现的同时，也会遇到众多问题。虽然目前各个传统企业转型已成为了必然趋势。但传统的商业思维模式仍然占据着一席之地，要让整个中国经济市场转型并非一朝一夕的事。同时，大互联思维的出现毕竟太过于短促，众多商业模式仍未成熟到能完美地落地执行。要想成为市场先行者，首先需要完善对细节的把控。

挑战一制造业转向服务业

大互联时代下，最令药企头疼的中间环节正逐渐消失。无论在未来是选择B2C还是O2O，去“中间化”后如何快速将自身的传统优势融入可与用户面对面的服务业里，是众多转型药企所要考虑的问题。药企要想在信息高度公开对称的今天站稳脚跟，离不开完美产品的策划和极致的服务体验。而这些都是药企未曾接触过的末端环节，药企需要完美转型，应多借助外脑的力量。

二、大健康产业大互联时代下的探索分析

天士力的布局

天士力作为药企行业的龙头先行者，目前对大健康产业整体发展把控已经十分成熟，已辐射到日用品、酒类、茶业等多行业。其完成了自平台大健康官网搭建，在平台上还附带着健康资讯等知识宣传页面，大大地提高了用户线上购物体验的乐趣和购买欲望。

然而，天士力大健康网也存在一些不足，如页面直线诉求过强，以及各个产业之间缺乏联系。大健康产业的发展核心是以预防为主。在网页的宣传推广中应多加入非药用型保健品以激起用户的随机购买需求，但在天士力大健康网站中，产品仍以治疗类药品居多，如此很难激发用户的购买欲望。同时网站对健康管理类产品的线下体验过程描述过少，反而像只卖一张门票，如此很难同用户产生共鸣。另一方面，天士力大健康产业发展脉络虽然十分清晰，但其之

间的联系性过低，很难形成边际效应。建议未来可将各个产业融合发展，如将健康管理类产品与酒类产品、日用品类产品与茶业产品、药品与矿泉水类产品捆绑销售，让其产生化学作用。天士力的布局畅想（见图7-1）。

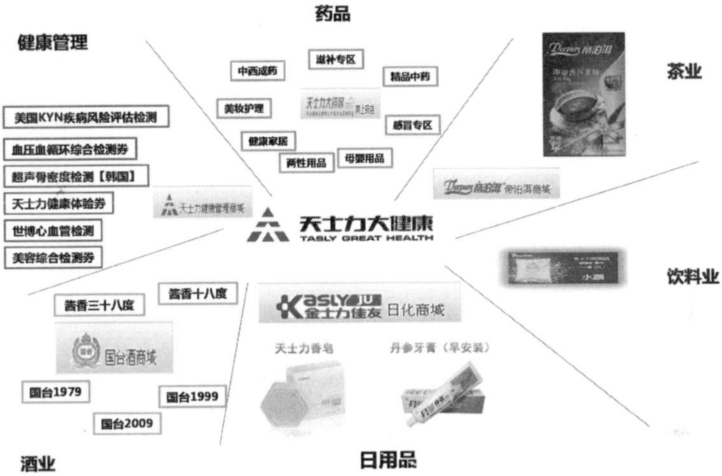

图7-1 天士力的大健康产业产业布局

修正药业的创新之路

如今的修正药业在保健品上的发展专而精，药品范围几乎涵盖各个领域。凭借着精湛的的工业程序，修正的产品多年立于行业尖端。其线上自平台的购物体验满足了各个不同层次的需求（见图7-2）。

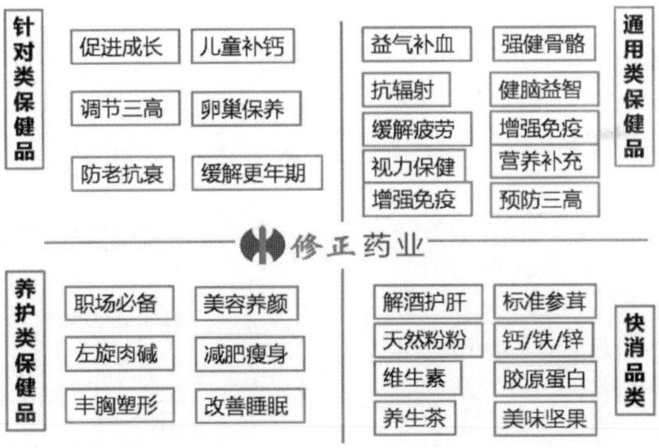

图7-2 修正的品牌边界

但如今大互联时代，仅仅有了完美的产品不足以赢得用户的青睐。修正未来应朝着打造极致用户体验的方向发展，修正目前的线下营销仍然以直控终端为主，数万的销售大军穿梭于各个药店与医院之间，但修正唯独缺少自己独有的实体体验店。未来的修正如将自己的品牌文化融合自建实体店里，将自身优异的品质直面给新老用户。同时将自身的业务边际扩张至其他行业，让药品、保健品与旅游业、健康体验类的产业相结合。让修正这个药企龙头完全转型为全新的修正大健康产业。

另一方面，随着移动互联网的普及，修正可以自建出具有提示和预约功能的APP，健康管理应用开始替代基础健康管理人员，成为健康管理新方向。比如将对用户的提示如当日穿戴健康管理、药品服用提示，气候变化提示等。同时可以设计就近医疗点提示，同时开发移动终端线上线下互动促进医患之间的交流沟通，让治疗无处不在。

正大制药如何绑定BAT

从20世纪90年代起，正大集团将自己多年积累的投资管理经验应用于中国的制药业，先后控股、参股了20余家医药企业，顺利完成了向蓬勃发展中的健康产业成功转型，成就了今天的正大制药集团。

而大互联时代下，正大制药要如何才能展开新的布局呢？

以正大制药旗下的天津珍吾堂为例，丢掉传统中间化渠道的包袱后，珍吾堂重新定位了特膳产品，通过多次测试，改进了产品的包装以及口味等。另一方面，珍吾堂通过开启一系列线上运营如：官网优化建设，百科推广，企业/个人微博、微信互动，淘宝天猫网点运营，专栏文章、视频发布等。如今的珍吾堂开始吸引经销商和消费者的关注、咨询（见图7-3）。

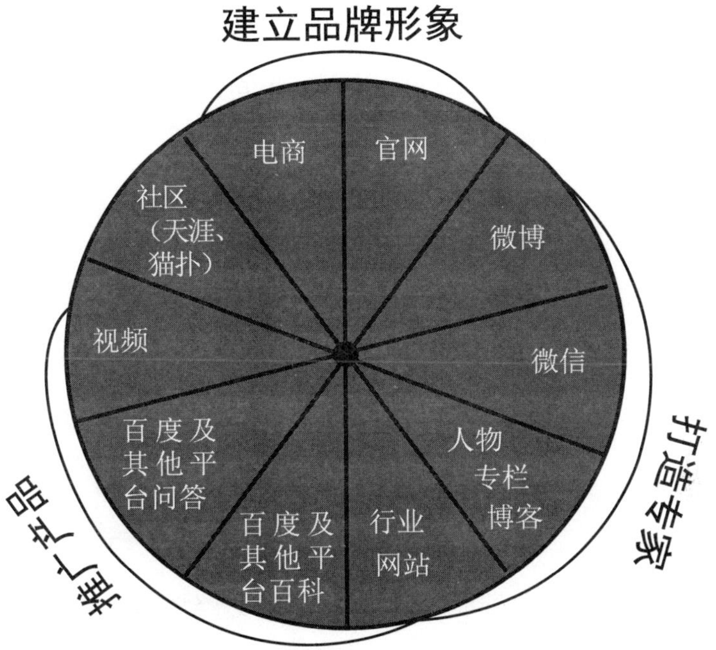

图7-3 珍吾堂大互联营销运营

珍吾堂塑造了一个可复制的样板。未来绑定BAT已成为大互联时代的必经之路，通过BAT线上的扩张，将完美产品与极致体验直面给用户。而更为重要的，在信息高度公开的互联时代，正大应将自身产品与旗下子公司各资源结合利用，通过整合营销，找出新的利益增长点。比如将旗下的正大邵阳骨伤科医院与正大珍吾堂食品公司整合传播，推出定制型食疗一体化服务；或将泰达物流与博爱医疗集团相结合，形成针对全国医疗系统的B2B商业模式。

第八章

汽车和汽车后市场大互联营销

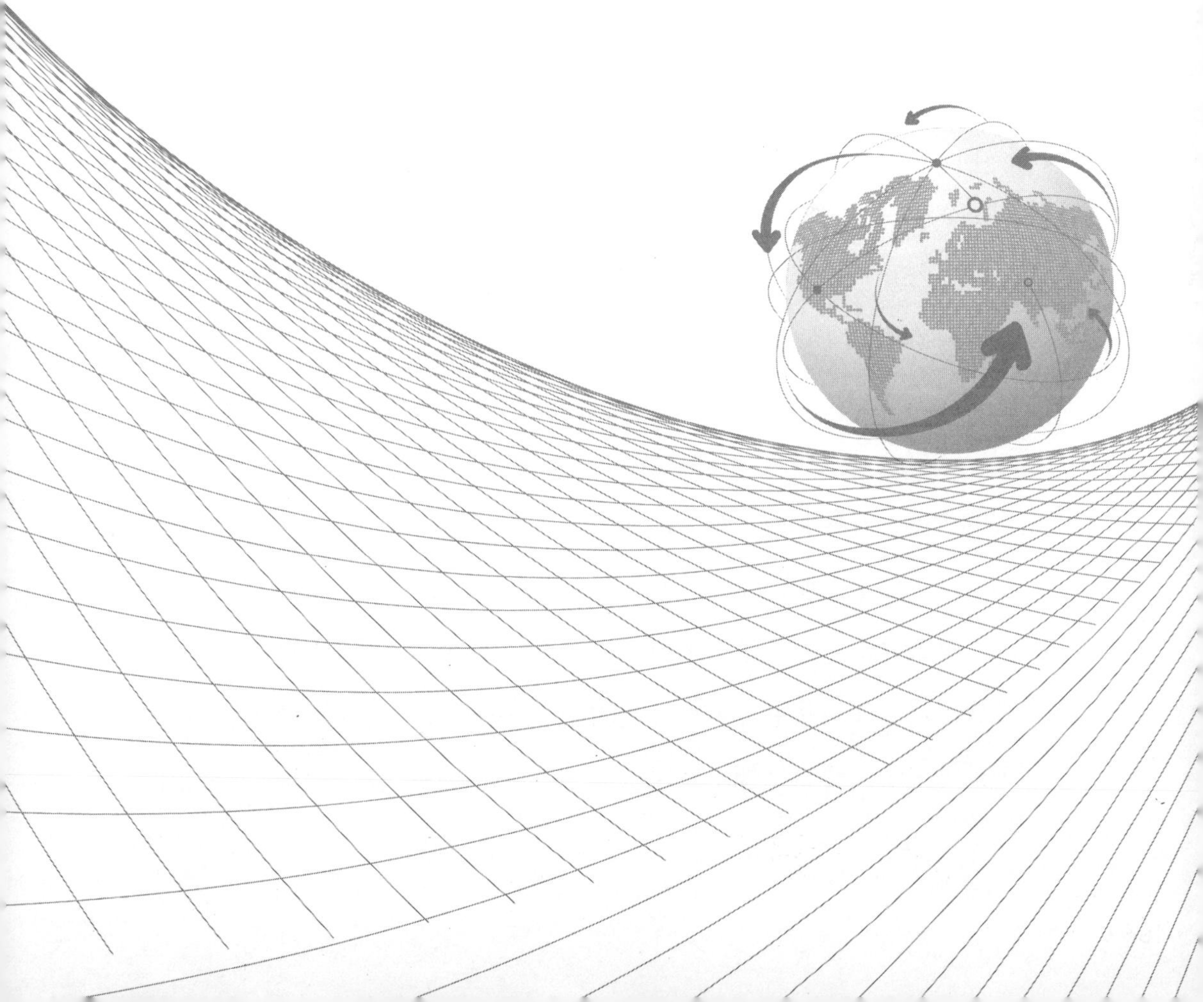

一、挑战与机遇并存的汽车产业市场

在国内2007年开始的持续了几年的汽车销售井喷式增长过后，汽车产业增速渐缓，在复杂的市场环境下面临巨大的挑战。虽然市场的刚性需求的状态没有改变，但是汽车市场上还是出现了一些将会影响其发展的不确定因素。例如环保标准的加强，政府对汽车销售的调控，汽车消费环境和消费人群的改变等。竞争日益激烈的汽车市场，迫使汽车营销转型，由单一的4S店模式，向多种模式转变，探索构造新的汽车营销格局。

然而与此同时，汽车后市场（即汽车售出后到报废之前全程提供诸如车辆养护、维修、配件更换、装饰美容、改装、清洗加油等服务的市场）从幕后走到了台前。2007年至今已经8年，井喷时期购入的汽车也已到了成批“体检”的时期，汽车后市场时代已经来临。据汽车工业协会的数据显示，截至2013年末，我国汽车保有量已超1.37亿辆，位居全球第二位。另有数据表明，2013年中国汽车售后服务市场规模已超过4500亿元，预计2015年整个售后服务市场规模将超过7660亿元。这个巨大的数字的背后，隐藏的售后服务的需求是汽车后市场发展的机遇，并使其成为整个产业链上不可忽视的增长点。汽车后市场振兴之日即是汽车行业变革之时，服务型市场壮大将完成消费者的体验升级。

在此大背景之下，无论是汽车市场还是汽车后市场，都将在更加规范的市场之中寻找出路。如何将消费者差异化的需求细分，从而提供更精准的服务定位，利用多种平台，树立品牌差异化服务，是在此机遇和挑战之中脱颖而出的关键。

转变之中找突破

纵观中国汽车市场发展脉络，从20世纪50年代中国第一汽车制造厂动工到现在成为全球最大的汽车生产国，短短60年的时间，在汽车产业作为中国支柱产业的发展有目共睹的同时，由于人民的消费水平的不断提高，中国人民在2013年也完成了全球1/4汽车的消费。特别是近10年来，中国经济增长迅速，为汽车市场带来了前所未有的活力。但是，随着信息、渠道和技术的发展，汽车市场活动中的消费者、经营者和推销者无论在思想意识上，还是行为方式上都发生着变化。再加上，政府对市场的调控和政策的出台，市场环境也日渐复杂。这样一来，汽车企业只有在转变中寻找突破，顺势而动，才能占尽先机。那么，在整个汽车产业市场之内，哪些变化是需要销售商们引起重视的呢?

首先，消费者的转变。20世纪90年代，汽车还作为奢侈品存在，是中国人“面子”的象征。单位集体购车，按职务分配，“公车接送”一度是大家最羡慕的出行方式。由于信息和选择的局限性，早期购入的汽车，除了运输等专业用途之外，消费者购买的车型和品牌都显得单一。而如今，自2009年中国超越美国，成为最大的汽车市场以来，家庭中汽车的普及程度大幅提高。据国家统计局的数据，2013年底，全国民用汽车保有量达到13741万辆，其中私人轿车6410万辆，倘若中国的汽车保有数以1.268亿辆（剔除三轮车和低速货车）计算，如今中国汽车千人拥有量已约为93辆。汽车消费群体完成了由集体到个人的转变。同时，消费者群体日益年轻化，80后和90后已成为汽车消费不可忽视的人群。而正是这些年轻人，也更新了购车理念，除了追求新奇和时尚的一部分年轻人外，理性购车占据大多数。汽车的性价比不再是消费者单一的诉求，便利性、智能性、安全性也成为购车家庭考虑的重要因素。汽车厂家和销售商根据不同的需求，提供差异化的设计、推荐和服务，将会成为突破口。

其次，销售者的转变。由于原先的粗放型销售已经无法满足消费者日益多样化的需求，销售人员也从推销转为顾问式营销。并且，销售人员的素质和知识水平也较以前有了很大提高，不但要精通消费者行为心理，还要了解专业的技术知识和保养知识。另外，作为目前中国汽车销售服务市场的标准模式的4S终端销售模式，随着单车销售利润的下滑、汽车销售渠道向小城市转移和配件市场的政策开放，其地位岌岌可危，新的销售模式也将在探索中慢慢显现。

最后，汽车产业市场重心的转变。汽车市场的日益饱和和汽车后市场的无限潜力，必然会将汽车产业市场的重心由销售整车转为销售汽车相关服务。中国汽车后市场还处在萌芽阶段，很多初期的问题，如车主消费意识不高和投资商群体弱小等依然有待解决。但是，中国汽车后市场面临的发展机遇是历史性的，其规模、水平、收益将决定汽车行业的发展。未来，汽车后市场的发展也必将顺应整个时代趋势，选择适应中国市场的商业模式的同时，与互联网相结合进行营销。

欧美市场作借鉴

早在1908年福特推出著名的T型汽车后，美国汽车开始普及的高潮。欧洲及日本等国家也是在这之后开始进口美国汽车，并且生产汽车。欧美汽车的快速普及，使得对汽车销售、汽车维修、汽车美容、汽车租赁、汽车改装、汽车用品专卖店等服务的需求迅速上升，欧美汽车后市场随即产生，直到今天形成了一个可观的局面。欧美的汽车市场发展了100多年，其营销模式和已经成熟的后市场发展历程中必定有值得我们借鉴和思考的地方。

在美国，大多数特许经销商只做汽车销售，包括新车和二手车，不负责售后服务，只有具有一定规模的经销商才会建立售后服务体系。据统计，无论是平均售价增长率，还是销售平均利润率，相对于新车，二手车都具有相当大的优势。并且，美国同时存在4S店及销售与售后分离的业态。而售后业务中，独立汽车服务机构大概占了80%左右。像Napa、Autozone、Pepboys、O’reilly、acdelco、JiffyLube等等众多连锁品牌，多是以配件、轮胎、机油为主导的零售和服务体系，这些品牌构成了美国汽车市场以配件商为主导的快修体系的主体。美国汽车后市场还有一个比较突出的特点就是“专业化的分工”，典型代表Prontowash作为美国最大的洗车连锁品牌，提供店面及上门洗车，目前已在多国开展业务。其他专营玻璃、轮胎、贴膜、喷漆、润滑油、美容品、音响、空调等业态为主体的店面也各自掌握着优势业务，例如换轮胎、改装底盘、贴太阳膜等，相互结合，以满足消费者不同的需要。“全是市场容量不足时的必然状态，专是市场细分后的必然结果”，汽车后市场业务的细分将会是其进入成熟发展后的一个必经阶段。再看欧洲，由于独立的维修市场和OEM控制的市场是完全交叉的，所以欧盟的反垄断规定，出了保修期以后，车可以到外面去买同等品质的配件换，4S店的东西也可以卖到售后市场，两者之间可以进行买卖，相互渗透。这跟中国市场4S店不能往外卖就不同了。

另外，汽车金融信贷和保险业务在欧美也很发达，这一现状与其社会信用体系完善有很大关系。在国外，汽车信贷服务不是商业银行的强项，而主要是由专门性的汽车金融服务机构来做。有资料表明，在汽车消费相对成熟的欧美市场，按揭的比例达到了70%~80%，而中国基本在10%左右徘徊。而汽车保险业务，从美国和欧洲的情况来讲，利润率是最高的，这也是保险广告频频出现在欧美各大媒体平台的原因。而这两项业务，在中国也是相当有发展和上升空间的。

在互联网技术和互联网商业模式成熟的美国，汽车行业也没有脱离网络这一平台。美国的汽车后市场行业曾一度良莠不齐，2007年诞生的以互联网商业模式为基础的Repairpal和AutoMD解决了这一问题。Repairpal的模式类似国内的淘宝，不属于任何汽车厂商和经销商机构，旨在解决汽车维修保养的信息不对称问题。它为大量店铺提供了一个平台，建立神秘的工时价格数据库，车主就可以像在淘宝上搜索商品那样搜索服务价格，然后根据店铺评价选择需要的店铺和服务。而AutoMD则利用威客模式，车主提出自己的需求招标，然后本地店铺报价，车主选择报价并接洽经销商提供服务，服务完毕后车主上线点评服务从网站获得现金补贴。除了专业服务，AutoMD还为车主提供DIY服务，甚至制作大量用车养车的视频进行消费者教育。这样一来，通过Repairpal和AutoMD，车主的三大基本要求：公平的价格，合适的地点和专业知识，通过服务估价、寻找店铺和维修指南得到满足。它们的服务价值也得到了美国车主的认可。

综上所述，二手汽车市场的开辟和汽车后市场的经营模式，中国的经销商可以借鉴。毕竟，美国市场和中国市场在诸如市场容量大、国家幅员辽阔、车型多样等方面还是有相似性的。但也不得不承认，因政策法规、市场配套、人工费用、租金成本、互联网成熟度等明显差异，单纯复制欧美的成功模式也不现实。中国汽车产业市场究竟该如何走，大概还需要几年的摸索探究。

二、大数据下的汽车市场

移动互联网时代的大背景下，汽车行业也终究难免互联网的渗透。阿里巴巴已经将汽车产业划入其虚拟社会蓝图，并已开始着手布局。2014年7月23日，阿里巴巴集团与上汽集团在上海签署“互联网汽车”战略合作协议，标志着双方将联合各自优势资源，共同打造智能“互联网汽车”及其生态圈，完善用户在汽车全生命周期中的极致体验。较之其他行业，汽车行业与互联网的关系其实更为密切，当下用户在购买开始到后期保养等都离不开互联网的信息引导，互联网用全新的思维方式一改传统销售信息单一输出职能销售者的局面，全面开放的信息平台改变了汽车企业以及购买者的认知途径，从而提起潜在消费群体的购车兴趣。除了信息和销售模式的互联网化，在大数据下，人们的行为和地理坐标都被量化分析处理，作为承载人们生活轨迹的运输工具，汽车所提供的数据不可小觑，车联网这一移动互联网的延伸产物将会为消费者提供更精准的服务。

互联网汽车大互联营销

在看过手机APP的火爆、移动社交的常态化、O2O概念的深化后，汽车行业及其相关服务也在从中搜索商机。业内领军车企上海大众O2O营销新模式和电动车的O2P商业模式，打车APP的异军突起，汽车后市场网上平台代表车蚂蚁、车事网等在这一探索中都找到了各自的定位和盈利模式。且不说打车、拼车和租车等汽车相关服务和各大汽车厂商的电商试水，单就汽车市场和汽车后市场来区分，目前还存在如下几大类不同类型的线上平台（见表8-1）。

表8-1　互联网汽车大互联线上平台

市场维度	服务内容及产品	举　例	盈利模式
汽车市场	购车信息发布网站及 APP	易车、汽车之家、太平洋汽车网	通过为汽车厂商和经销商提供整合营销解决方案收费；赚取广告费、导购费
汽车后市场	维修美容、救援、保险中介网站及 APP	车蚂蚁、车在囧途、车事网	中介费；广告费
	二手车置换网站	中国二手车城、龙江二手车网	为二手车商提供平台和服务；售卖中介费；二手车增值服务

虽然根据越来越多元化的消费者需求，服务可以更加细分。但是由上表可以

看出互联网汽车已经开始影响国内汽车销售市场和消费市场。在快节奏的生活之中，消费者可以通过O2O汽车电商模式，从海量的、跨地域的信息之中搜索优惠的经销商和完整的售后服务机制，并加以对比，进而完成线上消费、线下服务的体验。而且购车之后，可以学习专业养车知识，突破4S店的局限，寻找更加合适的性价比服务。

再来回头看看各大汽车厂商和自主车企，对互联网的态度也因价格和品牌定位的不同而各有差异。整体来说，自主车企的态度还是比较积极，汽车厂商就多持观望态度。早前吉利汽车在淘宝开店，以东风雪铁龙、东风标致为代表的企业也在2013年开始试水电商，大众汽车等也建立了官网和APP这样的垂直网站和入口，与电子商务平台、汽车门户网站相配合。汽车生产商、经销商、传统电商三者进行全产业链合作的现象也屡见不鲜，各种电商模式一应俱全。在这一系列的模式中，仅有天猫可以做到消费者直接看、买、贷三个环节，真正形成了交易的闭环。其他电商还停留在O2O上，线上主要负责集客导流量。究其原因，还是因为目前4S体系还是国内主要的汽车销售体系，电商直达销售的模式会对经销商的利益产生威胁。同时，也说明互联网汽车仍处于初期阶段，没有真正应用普及，未来还有很长的路要走。

车联网大互联营销

如果互联网汽车是从汽车市场和汽车后市场的商业模式上的探究，那车联网就更侧重于技术层面的互联。车联网概念引申自物联网，现在主要是指以车内网、车际网和车载移动互联网为基础，按照约定的通信协议和数据交互标准，在车和X（X：车、路、行人及互联网等）之间，进行无线通讯和信息交换的大系统网络，是能够实现智能化交通管理、智能动态信息服务和车辆智能化控制的一体化网络，是物联网技术在交通系统领域的典型应用。作为未来虚拟社会不可或缺的组成部分，在中国庞大的汽车产业市场的基础上，车联网的发展还是要靠电信运营商、汽车电子和服务企业，甚至汽车贸易企业等多方联合向前推进——围绕车载智能平台进行集成，实现内容和应用的整合。所以，汽车产业市场在互联网的应用和销售模式的突破，也将间接加速车联网时代的早日到来。

汽车产业市场未来之路

综合前面对汽车产业市场存在问题的分析，天策行大胆设想适合未来国内汽车产业市场发展的趋势必将结合以下两个层面，即：建立立体化服务体系和多元平台的深度融合。

所谓建立立体化服务体系，就是将整个汽车产业市场，无论是前市场还是后市场，都以服务进行自上到下，深入各个层面的贯穿。从制造开始，就可以提供针对个人用户的定制服务，在整个销售和售后过程中以顾问的形式进行跟踪和教育，甚至在汽车寿终正寝之时也提供统一回收的服务，做到真正的生态循环。最终，将汽车行业从工业制造的形象转化为市场服务的形象，并朝着使消费者更便捷地享受一条龙式的定制、贷款、购车、保养、维修等与汽车密不可分的服务这一理想状态努力。在渠道方面，线上和线下的结合是必然结果。在BAT三大互联网巨头的未来蓝图之中，汽车行业市场在各个平台上的整合之路也会日渐清晰和完善。汽车企业在垂直网站、第三方电商和移动社交端口上的存在形式，将不再局限于官网、APP、天猫和V店，更有可能与4S店进行多元化的深度融合。利润可观的汽车后市场将如何通过这几年与互联网的磨合改变汽车产业市场的格局着实令人期待！

第九章

大互联时代，
家纺品牌策划需重新出发

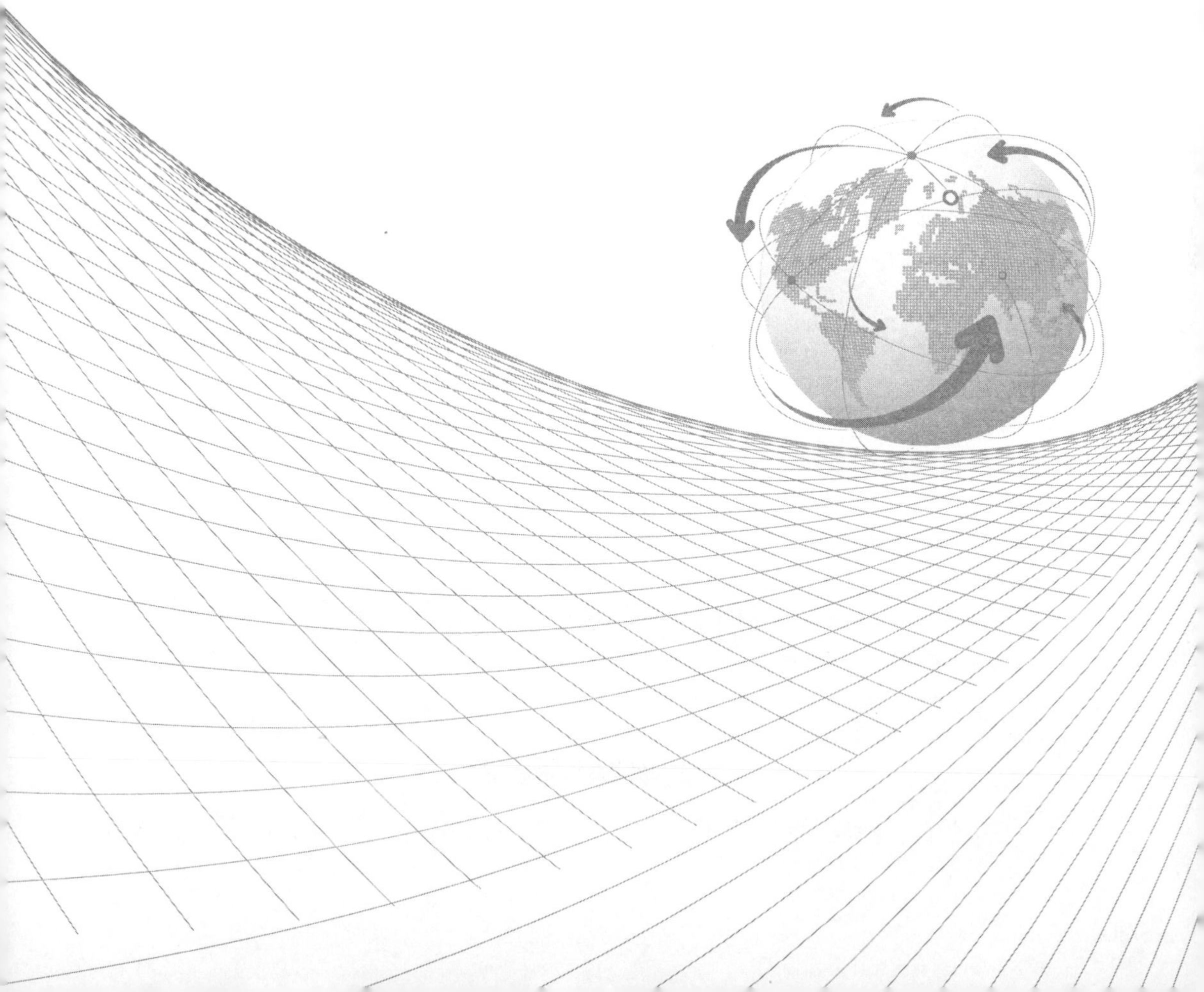

大互联时代是怎样的一个时代？

马云给出的答案是：

在未来，

百货公司全飘浮在云端，

任何颜色都能被定制。

在未来，

所见，即所得，身体在会议室，灵魂在时装秀第一排。

而朋友，来自收藏同一条裙子的人。

在未来，

所有大牌都将走下神坛，聆听你的布告。

未来属于一心实现自己预言的人。

数据显示，2017年中国网络购物市场规模将达4.14万亿元。大互联时代，衣食住行都能在云端完成成为可能，生活水平越来越高，但是商场竞争将随之愈发残酷！按照马云的话说就是，未来属于一心实现未来的人。无论你是否大牌，都将走下神坛，聆听百姓的布告，否则你仅是井底之蛙，迟早会被渴死！

一、家纺品牌竞争格局变化

竞争格局骤变

互联网，确实将世界戳平了！世界也越来越公平！大家都在同一起跑线

（见图9–1）。

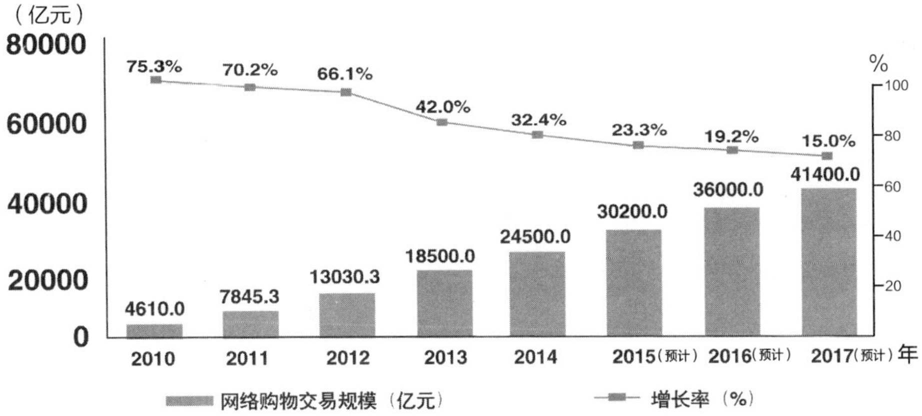

图9–1 2010—2017年中国网络购物市场交易规模

标题命为“大互联时代，家纺品牌需要重新出发”，并非空穴来风。且看以下几组数据（见图9–2至图9–6）。

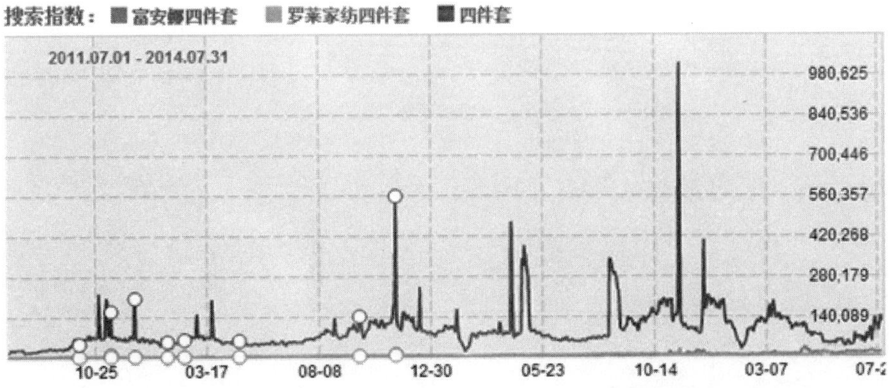

图9–2 家纺品牌四件套2011—2014年搜索指数

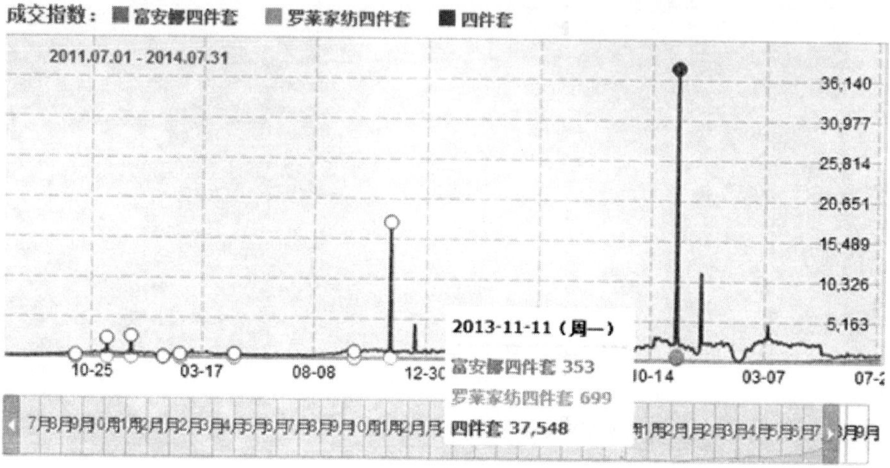

图9-3 家纺品牌四件套2011—2014年成交指数

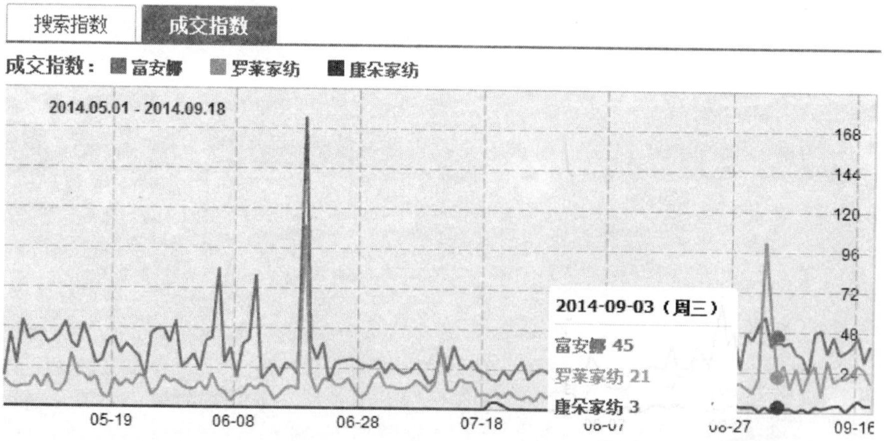

图9-4 三大家纺品牌2014年5月—2014年9月成交指数

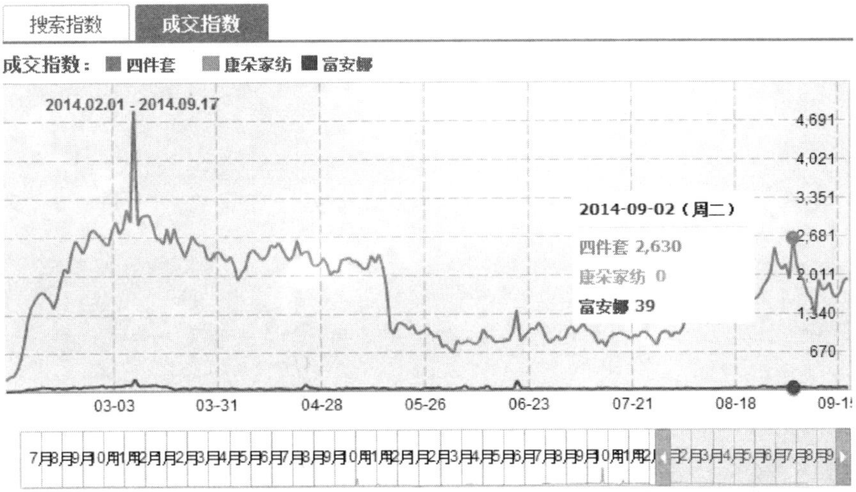

图9-5 四件套2014年2月—2014年9月成交指数

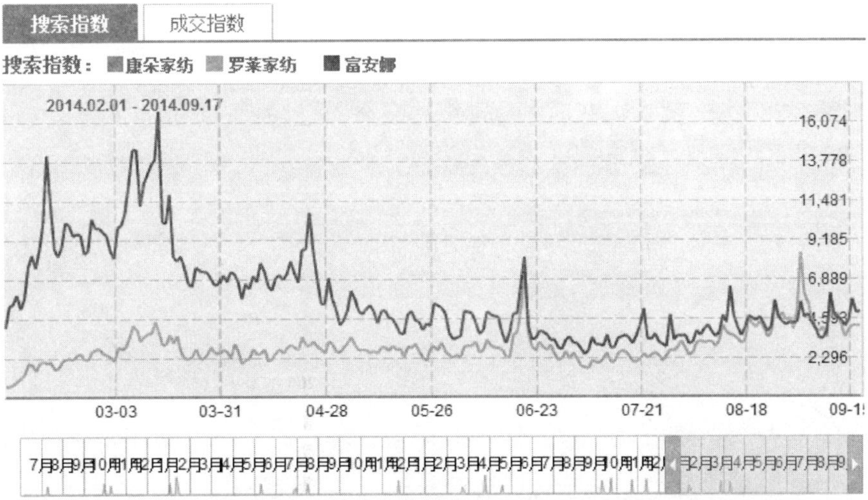

图9-6 三大家纺品牌2014年2月—2014年9月搜索指数

以上数据中的搜索指数是指数化的搜索量，反映搜索趋势，不等同于搜索次数。成交指数由搜索带来的成交量，并进行指数化处理。反映成交趋势，不等同于成交量或成交金额。

在天猫首页搜索“四件套”，按照销量排名，康朵家纺月成交额居第一名，而罗莱家纺居排名第三。再看上图中的数据，康朵家纺搜索指数为零，而富安娜四件套、罗莱家纺四件套其搜索指数、销量遥遥领先，同时“四件套”搜索指数遥遥领先后两者。销量和消费者搜索指数为什么悬殊如此大？

以前，传统渠道品牌优势在云端的威力，日渐式微。过往，大家购买家纺产品，逛百货商场。花上三个半小时，买上一四件套是常态。而今，在天猫花上十秒钟，可以看到近70种不同颜色、价格的四件套。更可怕的是，过去在百货商场仅是服务员对用户说，我们品牌怎么怎么好，用户仅能听到“如数家珍”的自称的好评！今天，用户顺便花20秒钟便能够看到上百位素未谋面的朋友对该款产品的各种评论。想知道谁家产品销量几何，一键搞定！

康朵家纺的四件套能够在五万余款四件套产品中脱颖而出，为之倍感欣慰！虽然，其功绩与鄙人无半毛钱关系，但整天与挣扎在蜕变与死亡之中的企业打交道，倍感当今时代带来的红利绝无仅有，以往拼“爹”，现在拼“智慧”，拼“情”商，看谁更努力，谁更能“以人为本”，比谁的微博好友多，比谁更有德行。

这份业绩来之不易！试想想，自己能否从五万余款产品大潮中，让每个前来相亲的男人都必须看你一眼？你毫无背景，甚至连一个官网和百科也没有，你的对手全是高富帅，他们打仗全是玩立体战略，产业链、线上线下、全渠道布局等，凡是你有的他们都能用上，而你仅有几个漂亮女儿，和几个对电商半知半解的管家。在如此的背景下，能爬到金字塔塔尖，怎能不欣慰？

星星与大牌的差距

康朵家纺，仅是家纺品牌中异军突起的星星品牌，大牌的竞争优势依然强健，且纷纷把电商作为企业未来主战场进行布局，目前已经取得傲人业绩。数据显示，2014年，富安娜电商销售上半年同比增76%。罗莱家纺成立独立电商部门，开辟了罗莱家纺电商专属品牌LOVO，2014年上半年销售额同比增80%，该品牌目前占线上销售总额比例超过90%。起步较晚的梦洁家纺今年也成立了新的电商团队，截至目前，公司电商销售额实现了同比翻番，2014年电商销售额有望突破两亿元。

在五万多款四件套产品搜索结果中，将行业大牌与该行列前茅的星星品牌进行对比，发现星星与大牌之间明显的差距：新电商品牌尚少主要以单品突破为主，销量一二名之间的差距简直就是一个天上一个地下！

而类似富安娜、罗莱家纺等大牌可不一样了，他们品牌众多，销量不菲！富安娜销量上万的产品就有6款，罗莱家纺四款销量上万，其价格偏中高端。同时，其数量远远多于星星们的陈列数量。康朵旗舰店四件套搜索出现数量35个，而富安娜及罗莱家纺旗舰店四件套关键词搜索数量分别为160个及206个。

表面上看来，星星与大牌之间的差距在于品类数量，实质不然！康朵家纺及其他纯电商新品牌，除去销量前茅的产品，其他产品销量惨淡的归因在于其品质，在以其与大牌销量非前茅产品进行对比中发现，其品质差异悬殊。可见，大牌是把每款产品作为爆款进行塑造，而星星们则缺少这样的耐心！

星星与大牌之间的差距并非遥不可及！ 在电商战场中，纯电商家纺品牌与传统大牌相比较，优劣势并非一个在天上，一个在地下。目前，中国网购公民近3亿人，天猫占据整个网购市场份额一半以上，富安娜、罗莱家纺其品牌知名度仅是瀚海一粟。从其搜索关键词的指数数据能够看出，占70%的用户并非通过其指定品牌关键词进行搜索，这说明大家并非买大牌的账，认识他！可见星星市场机会仍巨大。但是如果星星们不能够看见自己的未来，不能够看见传统渠道家纺店逐日凋零背后的希望，原本平等的机会也会被勤奋的大牌夺走！

二、家纺品牌大互联营销

身心和谐，营销最高境界

人这辈子，无论在哪生活，选择吃什么，穿什么，归根结底是为了达到“身心和谐”。

身心和谐，不仅是我们生活的终极目标，也是企业发展的最终目标。在营销领域，身心和谐可谓企业发展的最高境界。企业所制造有形无形的产品，都是消费者身体的一部分，其制造基本底线则是迎合与心的和谐。和谐程度高，就能产生高度的喜悦感，高度喜悦之后，自然有被用户主动向其朋友炫耀的机会，获得好评的机会。

先回顾一下购物心里历程。在天猫搜索四件套之后起先跳出来的页面是按照综合排名规则出现，但是不到几秒钟，自己很自然地点击“销量”，然后根据自己喜欢的颜色，进入相应的店铺；再粗粗看了看评价，好的评论没怎么记住，但是不好的评价，记忆犹新。哪怕仅仅一条坏评，也会令人倍感担忧，担心买之后也遇见此类问题，微妙的不爽心态油然而生。但是，面对全是好评的，也会有怀疑心态。有的销量仅有一万，但其评论竟有两万条！其后，先后查看了一下产品面料、纯度，同时还会与客服沟通上几句，问问尺寸、会不会脱色、颜色与实物颜色对比重合度等问题……如此在一家店完成基本步骤后，再根据喜欢的颜色及与心理价位相当的产品选择浏览，最后完成购买。

一般情况下，是不会网购收货后再去店铺给予评论，除非能给予什么好处，或者产品给了低于预期的结果，或者给我非常满意的结果，不得不与大家分享这家店的好！推荐给大家。

这是“我”的购物体验，相信也是同类消费者的感受。如上购物体验过程，让我明了一个非常严重的问题——针对以非社交价值作为购买动机的产品，在网购渠道中对其品牌知名度的依赖性小于消费者对已购用产品所使用后作出的经验分享、评价等。

在消费者网购过程中传统购物行为模式发生了改变，消费决策参考的元素增多，趋向理性。过去，生产什么卖什么；今天，需要我们不断洞察观摩、预演不同消费者消费的心里历程，挖掘消费“心情”，以此作为研发产品之根基，如此才能打造出令消费者“身心和谐”的产品，品牌。

打好基本功

互联网时代，机会都是平等的，星星、大牌们要抓住这美好而遥远的梦想，首先需要企业内部“身心高度和谐”！

老总、中层管理人员、基层干部（客服人员、快递、售后、车间）等人员必需达到高度的身心和谐，这和谐体现在企业人员对企业发展相关的管理、营销战略制定、营销执行、产品研发、销售服务、售后、物流等每个环节高度负责，各个部门及个人对企业统一战略目标达成高度统一意识和愿景，每个细节从思考到落实保持高度的严密、谨慎心态。企业事先扎好以上基本功夫，离成功便仅剩半步。

这基本功夫，我仔细对许多企业琢磨了许久，好说不好做！落实起来非常困难！为什么会这样呢？这个问题非常复杂！人各有志，志不同不相为谋，彼此心不在同一个频道上，怎么能够将产品的零部件按照统一的意愿完成落实呢，更别说给予用户高度和谐的产品。此功夫，非几朝半年能塑造达成。必须内部长期互动沟通协作，方成器。

内部锻造身心和谐队伍的同时，必须事先掂量掂量自己的身高体重，必须随时走马观花、无所不猎，时刻洞察时代文化潮流与走向；定一个能够垫起脚尖，再奋力跳一跳就能达到，可持续挑战的目标，而这目标乃“定心”，于此为基础，再造身。

简单以四件套为例子，起码得先利用淘宝指数、百度指数等工具查查关键词数据，其中包括搜索关键词、网民的年龄、爱好、区域、消费层级等；同时还得自己亲自消费过过瘾，看看别的店铺的产品如何卖，看其产品的颜色、布料、价格、服务、售后等环节的优缺点，去其糟粕，取其精华，协力精进创新。

造身，包括肉身（颜色、布料、尺寸、纯密度等）、功能（婚礼自用，送给结婚朋友、亲戚，一般日子送礼，小孩用，大学新生使用等）、价格（市场价格/促销价格，同布料竞品价格比例，实体店价格与线上价格比例等）、店铺（店铺肉身与店的灵魂和谐程度，以及与已定位消费者的心的和谐程度）、服务（旺旺客服亲和度、诚实度、机灵度，物流服务）、包装（产品本身的包装，运输再包装）、传播（大小节日传播、促销主题广度、深度，店铺精神传播广度、深度，建议利用微博、微信、知道等等工具建立企业的生态圈，与更多的潜在、目标用户打成一片）、产品策略、线上线下融合等等。骨关节太多，无法一一例举。以上可算大体架构，其肉身和血液需要私人定制，不能一概而论。

大互联时代才刚刚到来，它重塑了社会结构、经营模式，造就了无数财富，同时也将颠覆家纺行业生态格局，未来所见即所得，亟需大家重新出发。